フィールドワーク選書 16

印東道子・白川千尋・関　雄二 編

城壁内からみるイタリア

ジェンダーを問い直す

宇田川妙子 著

臨川書店

目次

第一章　人類学者とフィールドワーク
〜調査地ロッカプリオーラ〜

私がイタリアではじめて文化人類学的な調査を行ったのは、一九八六年のことである。首都ローマの南に位置する人口一万人ほどのロッカプリオーラという名の町が、その調査地であった。この最初の調査は一年十ヶ月ほどにわたるものだった。以降、再調査や数日間の訪問などもいれると、ほぼ毎年この町を訪れており、付き合いはかれこれ三十年になる。

私のイタリア経験はほかにも、ローマや北部イタリア・トレントでの短期間の調査をはじめ、語学習得のための短期滞在や観光等を含めれば、中部のフィレンツェやシエナ、南部の諸地域、シチリア島、サルデーニャ島への訪問もある。それらの経験も私に大きな影響を与えている。しかし、私のイタリアでの研究の起点および基点は、その付き合いの長さや深さを考えても、このロッカプリオーラという町にあることは間違いない。少なくとも私にとってフィールドワークといえば、この町での調査を意味する。したがって、フィールドワークをテーマとする本書では、この町での私の調査が記述の中心となる。まずは、その舞台となるロッカプリオーラについて簡単に紹介しておこう。

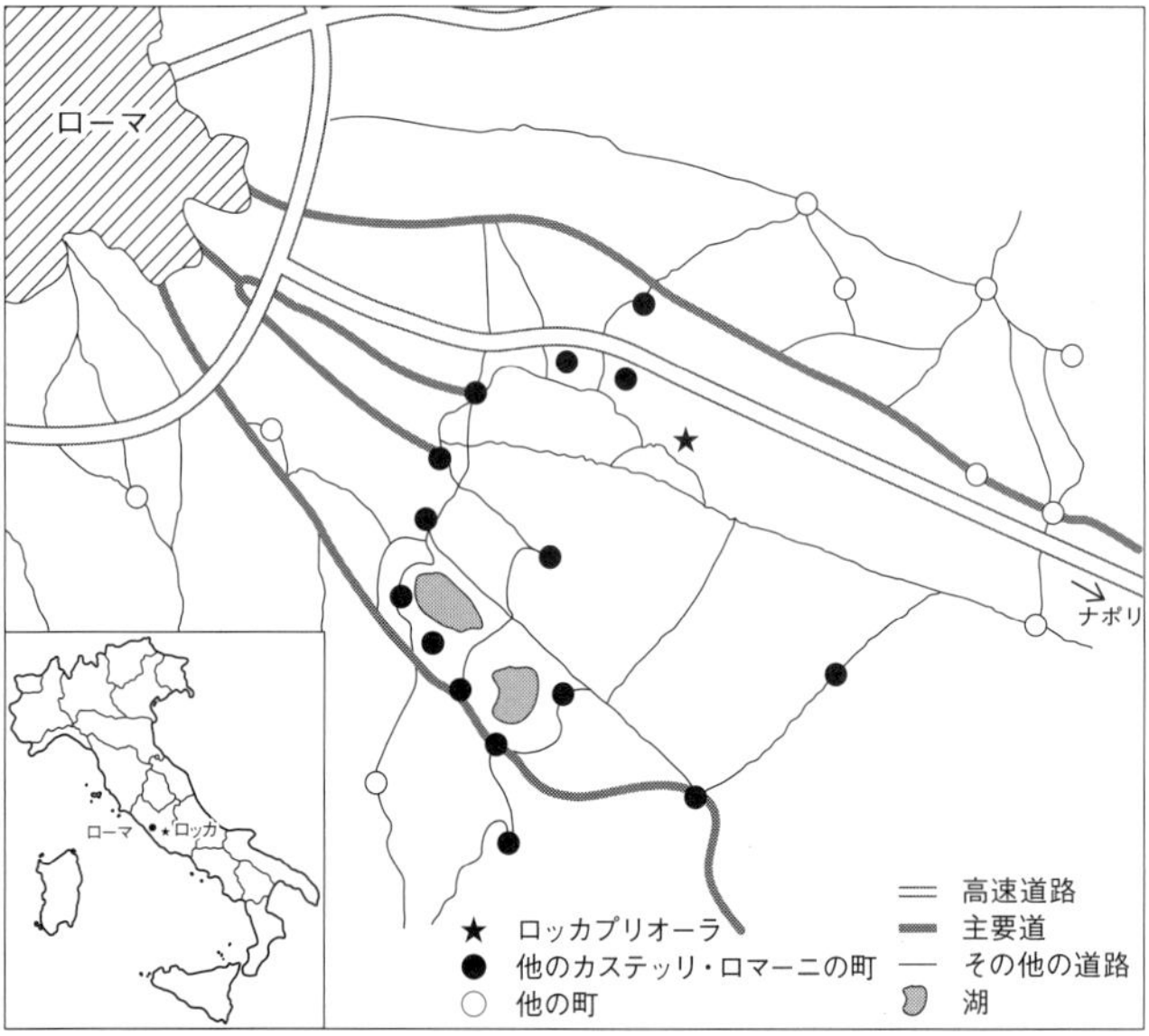

図1　ロッカプリオーラの位置。ロッカは、ローマ南東の丘陵地に点在するカステッリ・ロマーニと呼ばれる町々の中の一つである。この地域は全体的にローマからの交通の便はいいが、ロッカはその中では若干不便さが感じられる位置にある。

ローマの南、アルバーニ丘陵

ロッカプリオーラは、ローマの南に広がるコッリ・アルバーニ（アルバーニ丘陵）と呼ばれる丘陵地帯に位置する小さな町である。火山によって形成されたこの丘陵には、現在、いくつかの小さな火山湖とともに、緩やかな丘の上に十数個の町々が点在している。それらの町々はカステッリ・ロマーニ（直訳は「ローマの城」、以下、カステッリと呼ぶ）と総称され、ロッカプリオーラもその一つである。

アルバーニ丘陵は、もともと肥沃で緑豊かな土地であり、温暖な気候でも知られている。このため、かつてから大都市ローマでの消費を当て込んで、ブドウ、オリーブ、いちごをはじめとする果物栽培を中心とする農業が盛んに行われてきた。中でもワイン作りはカステッリの主な生業の一つであり、現在でも続いている。ブドウの収穫時の九月下旬から十月初旬になると、あちこちの町でブドウ祭りが行われ、中でもマリーノという町の祭りは、作り立てのワインが町の中央広場の噴水から湧き上がることで有名である。また、カステッリで最もローマに近く、最も大きな町であるフラスカーティの白ワインは、DOC（イタリアの産地認定制度によって規制・保護されているワイン）にも認定され、全国的にも名が通っている。

それゆえカステッリは、ローマの住人たちにとっては手ごろな観光地でもある。とくに春や秋などの季候が良い時期になると、週末には、多くの人が訪れ、祭りを見たり、緑が広がる丘陵をハイキングしたり、郷土料理を堪能したりしている。

ただし、この地域のそうした利用法は新しいものではなく、すでに古代ローマの時代にはローマ貴族の別荘地とされていた。今でもその時代の別荘跡や劇場跡などは数多く残っている。この一帯は、ローマに比べると標高の高い位置にあり、夏場は涼しく過ごしやすいためであった。そしてその後、いったんはローマ帝国の崩壊とともに打ち捨てられたが、中世になるとローマ貴族たちが再びこの地に館を作るようになった。それが、現在のカステッリの町々の事実上の原型であり、カステッリ・ロマーニという名前の由来にもなっている。つまりこの名は、「ローマを守る城（をもつ町々）」という意味であり、ロッカプリオーラの「ロッカ」という語も城塞を意味する。

なおロッカプリオーラは、この一帯では、短縮して「ロッカ」という語だけで呼ばれることが多い。本書でも以降は、この短縮形で記していくことにする。

ロッカプリオーラという町

ところでロッカは、こうした風光明媚で観光地的なイメージが強いカステッリの中では、少々異なった印象を受ける町である。もともと物理的にも小規模だったせいもあり、ローマから自動車で一時間ほどという距離にあるものの、少なくとも数十年前までは、ある種の「辺鄙さ」を漂わせていた。今もほかの町に比べると、観光などで賑わっているとはいいがたい。

ロッカは、ほかのカステッリの町と同様、中世の時代、丘陵の上に作られた町である。歴史的な記録は十一世紀にさかのぼる。町の中心には、十三世紀から十四世紀にかけて作られた教会と領主館跡がある。周囲には三・四階の石造りの家々が密集しているが、それ全体が、今でも残っている城壁によって囲われている。もちろん現在の居住区は、その外にも広がっている。しかし城壁内の「チェントロ・ストーリコ（歴史的中心）」と呼ばれる旧市街地は、今でも町の生活の実質的な「チェントロ（中心）」であり、たとえば領主館跡は現在、町の庁舎として使われている。なお、こうした状況は、ほかのイタリアの町々にも広く見られるものである。

しかしながら、ロッカのチェントロは、ほかのカステッリに比較すると非常に狭いという特徴がある。ロッカの立つ丘陵が物理的に小さかったためである。かつて町の入り口であった城壁に残る

写真１　ロッカプリオーラの全景。塔のように見える二つの建物のうち、右手が旧領主館を修復した町庁舎、左手が教区教会の鐘楼。なお、写っている建物の多くは城壁の外に戦後作られたものである。一方、城壁内のチェントロ地区は、それらに隠れてわずかしか見ることができない。1987年７月。

城門をくぐると、数分ていどで、町の中心である教会に行き着いてしまう。たしかに、城壁内はその土地を最大限に利用して作られた家々が立て込み、路地が複雑に張り巡らされているため、くまなく歩こうとすると意外と時間がかかる。しかし、城壁の周りを回るだけなら二十分もあれば足りる。十九世紀末ごろのロッカの地図を見ると、そのころの住居は、この城壁内にほぼ収まっており、ロッカはもともと小規模な町だったことが分かる。

そしてもう一つの特徴は、その標高の高さである。ロッカは、標高七八五メートルに位置する。別名「カステッリで最も高い町」と呼ばれるように、アルバーニ丘陵全体を見渡すと、この町だけが頭一つとびだしているような印象も受ける。この高さは町のインフラ整備にとって大きな障害となり、ロッカに上水道が完備されたのは一九七〇年であった。

また、この標高ゆえ、ロッカの気候はほかの町よりもかなり冷涼であり、このことがロッカの発展の最も大きな阻害要因となっていた。冬ともなるとこの地域には珍しく、頻繁に雪が降るからである。私の滞在中も、すぐ隣の町では雨なのに、ロッカは雪ということが少なくなかった。ローマからはロッカを終着とするバス路線が通っているが、ロッカの一つ手前の町を過ぎると暗い林の中に入り、勾配が急になる。このため、この区間は冬季、降雪などによって凍結するときわめて危険になり、しばしば運休した。現在ではローマにつながる道がもう一つ整備され、こうした冬季の孤立はなくなっているが、最も標高の高いチェントロ地区ではあいかわらず雪が降ると車両が通れなくなる。数十年に一回起きる豪雪の際には、家屋の一階部分くらいまで埋まってしまうこともある。

もちろん、この気候は障害となっているだけではなかった。たとえば戦前までは、ロッカの雪売りは有名だった。冬期の雪を氷室で保管し、夏場になるとそれを切り出し、ローマに売りに出るという商売である。また、夏場は、周辺のカステッリの町々以上に涼しくなるため、七月・八月にはローマなどからロッカに避暑に来る者が多く、こうした避暑客に家や部屋を貸すことも一九八〇年代くらいまで盛んだった。現在では夏のバカンスが全国的に贅沢になり、ローマ住民の避暑先がさらに遠方に及ぶようになったため、ロッカの避暑地としての需要はほとんどなくなった。しかし私が最初に調査に入ったころは、夏のロッカはローマからのバカンス客で賑わいを見せており、その

写真２　ロッカの周囲に広がる田園風景。ブドウやオリーブなどの栽培はわずかで、多くは放置されるか牧草地として使われていた。湿地帯も多く、1980年代には居住地としてもあまり利用されていなかったが、その後移住者が増えてくると、ここにも多くの家が作られるようになっている。1987年７月。

写真３　ロッカから見た、すぐ隣の町モンテコンパトリの全景。丘の上に密集して作られている様子がよく分かる。なおこの町は、ロッカとライバル関係にあると目されており、かつては互いにいろいろな嫌がらせをしていた（第五章）。2003年11月。

経済的な影響は小さくなかった。

とはいえ、全体的に見れば、冷涼な気候は農業の生産性の低さにつながり、長い間ロッカの発展を阻害していたといわざるをえない。ロッカの生業も、周囲の町々同様、ブドウ栽培・ワイン作りが主であり、ローマに売りに出していた。しかし、質の良いブドウ作りに適した斜面等が少なく、ほかの町に比べると質的にも量的にも競争力が低かった。

そのためロッカの人々は、戦後の全国的な産業構造の転換とともに、農業をいち早く棄て、新たに隆盛してきた建築業等に移行した。そして、こうした動きの中でロッカはようやく規模を拡大するようになった。とくに、先述のようにローマにつながる道路が整備されると、ローマなどからの移入者も増え、その動きはここ数十年さらに大きくなりつつある。いわばローマのベッドタウン化である。ロッカの人口は、二〇一一年現在で約一万一〇〇〇人、私が最初に調査に入った一九八六年の約七五〇〇人に比べると一・五倍にもなっている。

町の近年の変化

ただし、増加した人口の多くは城壁の外の新興地区に吸収され、それにともなってここ数十年、ロッカの町全体が、見た目にも大きく変化していることも付け加えておこう。

その理由の一つは、城壁内はすでに述べたように物理的に小さく、実は法律的にも新たな家屋を作ることができないためだが、そもそも、中世に作られた町並みである城壁内は快適な住環境であるとはいいがたい。

チェントロでは、個々の家が狭小であるだけでなく、道も細く、勾配が激しい。自動車の出入りも難しいし、駐車場にも事欠いている。このため現在は、ほかの町からの移住者だけでなく、もともとのロッカの住民たちも、とくに若い世代を中心に城壁の外に居住するようになってきた。そして、これまではほとんど無人だった、ローマに直結する道路沿いの地区にも家が建てられるようになっている。この地区には、主にローマからの移入者が住むようになってきているが、近年急激に人口が増え、新たな教会も建設された。

一方、中心のチェントロ地区には空き家が出始め、商店やバール（イタリア式の喫茶店。詳しくは後述）もいくつか閉鎖され、人気がなくなってきている。依然として教会や町庁舎はこの地区にあるものの、どこかさびれた感じが漂ってきたのは否めない。たとえば、チェントロにある教会は、町の教区教会として、今でも日曜日には多くの人を集めている。しかし、週日のミサの出席者は激減しており、他方、城壁外にある教会への出席者は多い。そもそも城壁の外では、年々、店やバールなども増えている。こうした状況について、ロッカの人々は、「町は『下（城壁の外のこと。物理的に城壁内に比べると標高が低いため）』へ行ってしまった」とも語っている。最近では、アルバニアやルーマニアなどからの移民たちが、チェントロの空き家に住むようになり、また別の問題も出てくるようになってきた。

このように、一見、中世から続く丘の上の小さな町のように見えるロッカも、現在、その物理的

写真４　最近のロッカの町の入口付近。ここは城壁からだいぶ離れた地域で、ここ数十年、多くの近代的なアパートメントが作られるようになってきた。そしてここからもさらに離れた低地では、現在、一戸建ての家々も増えつつある。2013年10月。

写真５　城壁の外に広がる居住地の風景。城壁内に比べると全体的に広々としており、道幅も広がり、近代的な建物が多くなっている。1987年４月。

な特徴を背景に、戦後の棄農や宅地化、移民も含めた人の移動などによって、景観も社会のあり方も大きく変化しつつある。私が最初に訪れてから約三十年の間、その変化はますます急になるばかりか影の部分も多くなり、人口は増えたものの町のまとまりは低下し、活力や求心力がなくなってきたと嘆く住民は多い。

もっとも、こうした変化は、ロッカだけでなく、ほかのカステッリの町々をはじめ、イタリア全国の町々が大なり小なり経験しているものでもある。ゆえに、たとえば周囲のカステッリの町々は、そうした状況から脱して町を活性化させようと、その自然環境や農業、歴史的な建築物などを糧に、ここ十数年、積極的な観光地化や特産品の開発・生産を進めてきた。実は、先に述べたような風光明媚なカステッリ・ロマーニというイメージは、そうした努力の成果という側面も小さくない。しかしながらロッカでは、そうした動きがまだほとんどなく、ロッカを訪れる観光客も非常に少ない。町の人々は、ロッカに観光の目玉になるものがないからだというが、発掘しようとする努力が足りないせいだとみることもできる。

いずれにせよロッカは、ここ三十年ほど外から見続けてきた私の目には、こうした変化の中で、町として再編・再生していくことができるか否かの瀬戸際にきつつあるようにも映る。その意味では、やはり、現代イタリアにおける典型的な町の一つなのかもしれない。

時代遅れになるコミュニティ・スタディ

ところで本書は、このロッカという町についての民族誌ではない。ましてや、イタリアの社会や文化にかんする考察や解説のような書物でもない。あくまでも、このロッカという町での私のフィールドワークについての書である。つまり、この私の最初の長期調査の経験がどんなものであり、それがその後の私の研究とどんな関係にあるのかについての記録であり、考察である。

とはいえ、こうしたフィールドワークという調査の仕方にかんしては、実はすでにかなり前から多くの疑問や批判が出ている。そもそも、私の最初のフィールドワークは、すでに三十年ほど前にさかのぼる。調査地たるロッカの様相も、先に述べたように大きく変わってきている。にもかかわらず、その経験をなぜここで語るのか、多少の「弁明」や「注釈」はしておいた方が良いだろう。

まず「注釈」すべき点は、コミュニティ・スタディといわれる手法についてである。

コミュニティ・スタディとは、その名の通り、あるコミュニティについて調査研究をすることである。人類学では、フィールドワークが本格的に始まった二十世紀初期あたりから、フィールドワークといえば、まず集落（すなわちコミュニティ）を一つ選び、そこに住み込んで、その集落の人々の生活を政治・経済・社会・宗教等々のあらゆる側面にわたって観察し記述するというスタイルを基本としてきた。あるコミュニティを丸ごと記述・理解するという手法である。私がイタリアを人類学的に研究しようとして、まずは調査地としてロッカを選んだのも、こうした方法にのっとったものである。

しかしコミュニティ・スタディは、しばしば調査対象である集落の全体像にこだわるあまり、その外部との関係に対する関心が薄いという問題があった。コミュニティ・スタディによって描き出された集落は、一つの完結した閉鎖的なシステムのようにも見え、さらには歴史的な文脈から独立した、変化のない社会のような印象すら与えてしまった。

このことは、人類学が十九世紀の欧米で「未開」社会の研究として生まれた学問であることと深く関係している。当時、欧米は非欧米を、文明化されず歴史をもたない遅れた社会とみなす傾向にあった。つまり、人類学の調査対象となる社会は、そもそも小規模で、外の世界と関わりをもたない閉鎖的で変化のない社会とみなされがちであり、そうしたイメージがコミュニティ・スタディにも反映されていたのである。

もちろん、この姿勢は西欧中心主義的な偏見によるものである。ゆえに、そうした批判が強くなるにつれ、人類学の研究対象も次第に「未開」以外の社会にも広がった。実はヨーロッパも、ようやく一九五〇年代ごろから人類学のフィールドワークの対象となってきた。

しかしその後も、抜本的な見直しはなかなか進まなかった。たとえば、一九五四年に発表された『シエラの人々』という民族誌がある。これは、ヨーロッパの人類学的な研究の先駆の一つであり、たしかに従来のような「未開」社会ではなくスペインを対象としていた。ただしそれは、スペインの中でもアンダルシア地方という、いわば周辺的な地域の、しかも人口六百人弱の小規模な山村の調査研究であり、その調査地の選択からして、それまでのコミュニティ・スタディとそれほど大きな違いはなかった。歴史的な変化にかんする言及も少なく、一読しただけでは、やはりこの山村は変化の少ない社会であるという印象を受けてしまう。つまり、従来型のコミュニティ・スタディは事実上存続していたわけだが、その背景には、フィールドワークが、基本的に研究者一人で当該社会の政治、経済、宗教、日常生活等々のあらゆる側面を総合的に調査しようとする手法であるため、大きな社会単位を調査することは事実上不可能であるなどの、実際的な理由もあったかもしれない。

とはいえ、こうした疑問や批判はさらに大きくなり、そもそも、ある社会の一つのコミュニティという個別の調査結果を、その社会全体に当てはめて一般化することはできるのかという問題も見逃せなくなってきた。また、第二次世界大戦後、世界中で近代化がさらに急激に進んでいくと、人類学者は、どんな社会においても外部との影響関係が無視できなくなってきたことを、まさにフィールドの現場で痛感するようになった。もはや、閉鎖的で変化のない社会など、想像すらできなくなったともいえる。

こうして人類学は、都市を研究し始めたり、国家や歴史というテーマにも取り組むようになり、コミュニティ・スタディの「時代遅れ」感は色濃くなってきたのだが、同時に、人類学はもう一つ、より根本的な批判にさらされることになった。それは、民族誌とフィールドワークそのものに対する批判である。

フィールドワークの定義

そもそもフィールドワークとは何だろうか。

たしかにフィールドワークは、人類学者の研究にとって、最も基本的で、必須ともいえる研究の方法とされている。人類学者が分析・考察するデータは、従来型のコミュニティ・スタディを踏襲しない場合も、収集の手法はフィールドワークによるとされ、人類学者もたいていそう自認している。しかし、少々驚くことだが、このフィールドワークがはたしてどんなものなのかについては、実は、それほど明確な規定や詳細な説明はない。いわば各研究者の個人技や職人技のようなものと目されてきた感もあった。

もちろん、フィールドワークで何を調べるべきか、その調査項目リストのようなものはある（ただし、あくまでも「ようなもの」であって、個々の研究者によって異なる）。また、主たる調査目的が何であれ、世帯調査、親族関係、宗教儀礼、諸集団・組織等々などについては最低限調査すべきだともされている。ただし、それだけでは質問票やインタビューなどを用いた調査とあまり変わらない。実際、人類学のフィールドワークの最大の特徴は、長期にわたる参与観察にあるといわれている。それは、教科書風にいえば、現地の人たちと、たんなる調査者・被調査者という間柄を超えた親しい関係を作り（この関係は人類学では「ラポール」という術語で呼ばれる）、なるべく少なくとも一年間以上（一年間の生活のリズムを体験するため）という長期にわたって、生活をともにしながら社会や文化のあり方を観察していくというものである。

この方法は、二十世紀初頭、イギリスの人類学者ブロニスワフ・マリノウスキーらによって始まった。人類学という学問は、先述のように十九世紀ごろから本格化したが、当初の人類学者は、「肘掛け椅子の人類学者」という言葉があるように、自らは直接調査をせずに、当時世界中の植民地等に散らばっていたヨーロッパの行政官、探検家、宣教師らの記録や報告などの、いわば二次資料を用いて研究していた。しかし、それゆえ彼らの研究には、データの段階から西洋中心主義的な偏見が入り込んでいると指摘されるようになり、そうした批判から、現地の人々と直接接触して、彼らの視点・論理に沿って文化や社会を理解していこうとするフィールドワークという手法が生まれてきたのである。その意義や成果が、けっして小さくなかったことは間違いない。

フィールドワークをめぐる疑念

ただしその一方で、その具体的な進め方は調査者個人に任されており、いわばブラックボックス化されているという点については、早くから疑念の声が上がっていた。

たとえば、人類学者がたった一人で、言葉もおぼつかない社会で、たとえ数年間住み込んで調査をしたとしても、はたしてどれだけのことが分かるだろうか。少し考えれば、すべてのフィールドワークが十全に遂行されているとはいえないことは容易に想像できる。

また、そもそも「十全な遂行」という基準も明確ではない。にもかかわらず、ほとんどの調査者は、自らの調査の実態について多くは語ってこなかった。正直いって、私もこれまで公の場で述べたことはほとんどない。そして調査結果が、民族誌や論文などの形で発表されると、さらにアカデミックな権威をまとうようになり、そもそも調査自体に問題はなかったのかという問いは、せいぜい調査者の個人的な倫理の問題として、いっそう二義的なものとなってしまいがちだった。

そしてこの問題は、フィールドワークによる調査が、結局は、調査者の印象、つまり主観でしかないのではないかという疑問とも関連していた。

フィールドワークは、先にも述べたように、現地の人々との直接的な接触を重んずる調査方法である。長い間、調査者は現地では赤ん坊のように、真っ白な状態で一から学んでいくべきだといわれてきた。そうした姿勢は、調査者の側の偏見や思い込みをできるだけ排除すべきであるという、それ以前のあまりにも西洋中心主義的な人類学に対する反省から生まれたものであった。

しかし、だからといって、調査者の性別・年齢、さらには性格等々を消し去って、調査地の人々と付き合っていくことはできないはずである。人々と直接的に接する調査であればあるほど、調査者は「顔なし」でいることはできない。調査者の性格や技量、そして性別、年齢等々によっても、相手の反応は変わってくるだろうし、得られる情報も変わってくるかもしれない。そうした指摘は当初からあったし、そもそもフィールドワークは誰がやっても同じであるべきなのか、それとも、違って当然なのかという問いも出ていた。

また、現地の人とのラポール作りが大切とはいえ、そうした信頼関係を一年ほどで築くことが可能なのかという問題もある。どんなに調査者側が親しさを感ずるようになったとしても、現地の人から見れば、調査者は往々にして、行政機関などの権力者から紹介されて入ってきた人であり、先進国側の地位も金もある人物として、両者の間に圧倒的な力の差があることは少なくない。また、調査者が若くて未婚の場合などには、逆に、一人前ではないとして軽く扱われ、質問に正確に答えてくれなかったりすることもある。たとえば、『サモアの思春期』という著名な民族誌で、サモアにおける若者たちのいわば奔放な性生活を紹介したマーガレット・ミードの調査にかんしては、後日、とても興味深い検証が行われている。当時、若い女性であったミードが、現地の人にからかわれて、より誇張した内容を伝えられていたのではないかという指摘である。これは、ロッカで似たような扱いを受けた私にとっても非常に耳に痛い話である。それに、そもそも一般的に考えても、人と人との信頼関係など、そう簡単に作り上げられるものではないだろう。そうした常識ともいえることを、アカデミックな調査の名のもとで軽視してきたのは、やはりある意味、うかつだったといわざるをえない。

ポストコロニアル理論

ところで、こうしたフィールドワークの問題点が急激に表面化したのは、一九八〇年代、アカデミズム全般で大きな力をもつようになってきた、ポストコロニアル理論と呼ばれる批判的議論による影響が大きい。

ポストコロニアル理論とは、簡単にいってしまえば、西洋（植民側）による非西洋（旧植民地側）

の文化理解には、いまだ権力関係が入り込んでおり、西洋はしばしば非西洋を自分たち（西洋）にとって都合の良い「他者（つまり自分たちとは異なる「彼ら」）」としてイメージしてきたという議論である。その嚆矢は、一九七八年のエドワード・サイードの著作『オリエンタリズム』とされている。

そしてその批判の矛先は、人類学にも向けられ、「未開社会」の研究として生まれた人類学こそ、こうした西洋による非西洋の他者化の最たるものではないかと指摘されるようになった。それは、人類学という学問そのものが、西洋が自らの優位や近代性を明確に意識し確立していくために、非西洋社会を「未開」、すなわち遅れた「他者」としてイメージ化するコロニアルな装置だったという批判である。

したがってこの批判が、具体的には、それまで往々にしてブラックボックス化されていたフィールドワークの実態や、そのフィールドワークをもとに書かれた民族誌のあり方に向かったのは自然の流れだった。実際のフィールドワークでは、研究者の個別の特性や調査者との権力関係が関与しているにもかかわらず、あたかも「白紙」がその文化を吸収するかのようなイメージが流布していた。また、そうしたフィールドワークで集められた資料は、その背後の力関係については十分な検証がなされないまま、民族誌という形でまとめられ、アカデミックな権威をまとって公開されてきた。その成果が学界だけでなく、一般的な異文化イメージに影響を与えることも多かった。このように人類学者たちは、フィールドの現場でも、自分の社会においても、自らの権威や権力にあまりにも無自覚であった姿があぶり出されてきたのである。

これらの批判や議論については、これ以上述べる余裕はない。ただし人類学は、こうして自らの手法と姿勢に対して抜本的な再考を迫られるようになったことは間違いない。もちろんそれまでにも、自文化中心主義（事実上は西洋中心主義）批判は存在し、そこから脱しようとする議論や試みは行われてきた。フィールドワークも、その方策の一つだった。ただし実態は、いまだ調査する側とされる側の間の力関係が十分に認識されているとはいいがたく、そうした批判は、近年では、これまで人類学が研究対象としてきた社会の側からも強く指摘されるようになっている。そもそも、ある社会の文化といわれるものは内的にも非常に多様で複雑であり、簡単に一つの文化とみなして記述できるようなものではない。にもかかわらず、人類学者がたった一年ほどのフィールドワークで調査地の文化を語ろうとすることは、人類学の異文化に対する見方がきわめて浅薄で乱暴であることの証であり、そもそも人類学（西洋社会）は、何の権利があって、自分たちの文化がどんなものなのかを決めつけようとするのか、という批判は当然のことだろう。

そして、この根深いコロニアルな性格が、そもそも人類学が西洋社会のコロニアルな装置として生まれたことに由来するならば、異文化を理解しようとする行為（あるいは、理解できるという楽観的な態度）自体が、必然的にコロニアルな力関係を内包してしまうのではないか、というより根源的な問いにもつながってくる。人類学は今や、その存在意義、存在理由からの問い直しが求められているのである。

人類学の変化

こうして人類学は、ここ数十年、混乱と停滞を経験し、多くの問いにさらされるようになっている。とはいえ、その一方で、さまざまな試行錯誤を重ね、新たな展開も始まりつつある。たとえば、フィールドワークにかんしては、現地の人々のプライバシーに十分配慮するなど、さまざまな倫理規定がより厳格に設けられるようになり、民族誌にかんしても、被調査者側の多様な声を安易に「文化」として一般化することなく、いかに生かしていくか等々の試みが行われるようになった。調査者と被調査者の関係を相互的なものにしていこうと、現地の人々と協同で民族誌を作成するという試みもある。

また、研究対象にかんしても、いわゆる異文化ではなく、自分たちの社会にも積極的に目が向けられ、都市や、欧米をはじめとする先進国などにかんする研究が増えてきた。研究テーマも、開発・援助、医療、福祉、民族・国家、移動・移民、紛争など、より現代的な社会問題が取り上げられるようになってきている。さらには、調査地が抱えるさまざまな問題に寄り添い、その解決にも積極的に寄与しようとする応用人類学、開発人類学などの分野も生まれてきた。

もちろん、その変化や試みがどれだけ生産的な成果をあげているのかは、まだ分からない。また、ポストコロニアル理論の批判に対して、根本的な回答を提出できたわけでもない。ただし近年の人類学は、その対象、関心、視点、手法、いずれをとっても、いっそうの広がりが見られるとともに多様化し、不可逆ともいえる変化を経験したことは確かである。

私のフィールドワークの背景

とするならば、私の約三十年前の調査経験について述べていこうとする本書は、やはり時代遅れの感が免れない。しかもそれは、ロッカという、イタリアの中でも小規模な町での、いわば従来型のコミュニティ・スタディである。

そもそも、私が最初のフィールドワークであるロッカでの調査を始めたのは、先に述べたように一九八六年のことであった。この時期、日本ではポストコロニアル理論はまだ本格化していなかった。ただし、フィールドワークやコミュニティ・スタディの問題点をめぐっては、すでにそれ以前から議論が始まっており、日本でも同様であった。私もそうした流れの中で本格的に人類学を学び始めることになった。

たとえば、私の学生時代、すなわち一九八〇年代前半の講義やゼミなどを振り返ると、そこでは、マリノウスキーの『未開社会の性生活』やエドワード・エヴァンス＝プリチャードの『ヌアー族』などの、いわゆる古典的な民族誌の講読が行われていた。しかしその一方で、すでに「未開」に代表される小規模で閉鎖的なコミュニティの調査にかんしては強い批判があることも知られていた。実際、研究室の先輩たちの調査地は、古典的な人類学の業績が積み重ねられてきたアフリカやオセアニアだけでなく、アジアにも広がっていたし、ちょうどそのころ、先述のスペインの民族誌『シエラの人々』が日本語に翻訳され（一九八〇年）、ヨーロッパもまた人類学の対象となることを具体的に知ることができるようになった。そして、農村などだけでなく都市にも目を向けた都市人類学や、歴史にも注目した歴史人類学など、新たな冠をつけた人類学の分野が現れ、私たち学生はそうした文献にも飛びつくようになっていた。

そして私も、これから人類学を学ぼうとする新参者の御多分にもれず、これら新規なトレンドに飛びついた一人だった。なかでも『シエラの人々』には非常に大きな影響を受けた。本書の前文には、いわば伝統的な人類学を代表する研究者、エヴァンス＝プリチャードが、この民族誌は、人類学の手法がいわゆる未開社会だけでなくヨーロッパを含めたいかなる場所でも有効であることを証明した、という言葉を寄せていた。私は、人類学のさらなる発展のためにも、調査対象を欧米社会にまで拡大していくべきだという彼の主張に惹かれ、その一翼を担いたいと考えたのである。

新旧のはざまで

ただし、私がイタリアで実際に行ったフィールドワークは、ロッカという比較的小規模な町での、いわゆる伝統的なコミュニティ・スタディだった。

たしかにイタリアは、とくに日本の人類学ではまだ珍しい調査地だった。ロッカも、イタリアの町としては小規模だったが、その人口規模（約七五〇〇人）は、従来人類学が対象としてきたコミュニティに比べると圧倒的に大きく、ローマという大都市に近いコミュニティでもあった。また、当時のイタリアにかんする人類学的な研究は、世界的にはすでにある程度の蓄積はあったものの、そのほとんどは小規模な農山村を対象としていた。その意味でも私は、自分が新しい試みをしていると自負していた。

しかしながら、その新しさとは、調査の対象だけであって、調査の手法や姿勢については旧来の手法を継承するのみであり、そのことには自覚すらできていなかった。実際、私の学生時代、従来の人類学に対する批判はますます目立つようになっていたが、それ以前からの流れも続いていた。もちろん新旧が入り交じることなど、どの時代でもあるが、当時私が所属していた大学の研究室では、せっかく人類学をやるのだから近代化の進んでいない社会を調査したい、という声もまだ聞かれていた。今調査しておかなければ消えてしまうであろう儀礼や慣習などを記録しておくことが、人類学の役目であるという見方も強かった。

ところが、ロッカでの調査を終えて帰国すると様相は一変していた。ポストコロニアル理論が日本にも本格的に伝わり、人類学者たちは、民族誌を書くこと、文化を記述・表象することにまつわる権力関係という問題に敏感になり、先にも述べたように、人類学の存立基盤にも関わる批判的議論が、人類学の内部からも起こってきていた。

そして、『想像の共同体』(ベネディクト・アンダーソン著、一九八三年出版、一九八七年翻訳)をはじめとするナショナリズム論の勃興によって、人類学の関心が、国家や民族といういわばマクロなテーマに転換したことも、大きな変化だった。もはや、近代、国家、ナショナリズムという要素を抜きにしては何も論じられなくなっていた。人類学ではおなじみの「伝統」という言葉についても、ホブズボームの「伝統の創造」(エリック・ホブズボーム編『創られた伝統』一九八三年出版、一九九三年翻訳）という概念に代表されるように、それが実は、ナショナリズムや近代化などと深く関連しながら作られたものであることも明らかになった。「未開」だけでなく「伝統」という言葉も、安易には用いることができない事態になり始めていた。

こうして、伝統的な集落という、それまでのナイーブなイメージにのっとって行われていたフィールドワークやコミュニティ・スタディは、根本から再考を迫られることになり、実際、日本でもこのころから、調査したコミュニティの全体像を描くという従来型の民族誌は急激に姿を消すようになった。そして私も、自分のロッカでの調査が、あまりにも中途半端なものであったことに、ようやく気づき始めたのである。

されどフィールドワーク

では、こうしたいわば新旧のはざまで行ってきたロッカでの調査に、どのように向き合っていけば良いのだろうか。それは結局、従来通りのコミュニティ・スタディだったのだから、とりあえずは従来通りの民族誌にまとめておけば良いのか、それとも新たな視覚からの記述を試みるべきか、いや、そうした試みも所詮は付け焼刃的なものにしかならないのではないか、等々——私は帰国後すぐに、こうした難問にぶち当たることになった。

この問いに対しては、実は現在も、まだ十分な回答を見つけることはできていない。ロッカでの調査にかんしてはこれまで、主にジェンダーや家族などの研究テーマに沿ってまとめてきたが、その一方で、いわゆるロッカについての民族誌は未完である。その意味では、あらためてロッカでのフィールドワークについて記そうという本書も、土台が不安定なままであるといわれかねない。

ただしそうした逡巡の過程で、いくつか浮かび上がってきた問いがある。それは、私の調査そのものについてというよりも、実は、フィールドワークやコミュニティ・スタディにかんする議論はいまだ十分に尽くされていないのではないか、というものである。とするならば、ここで、三十年ほど前の「時代遅れ」な私の経験を振り返ることも、けっして意味のないことではないだろう。

たとえばフィールドワークについて見てみると、たしかにその問題点は非常に多かった。調査地の人々との力関係を十分に認識できていなかったり、しばしば倫理に抵触するような問題も発生していた。また、たとえ長期の住み込みとはいえ、調査者一人でどこまで理解できるのかは、どう贔屓目に見ても心もとないだろう。たとえ理解できたとしても、それは調査者の主観でしかないのでは、という指摘も否定することはできない。

ただしその一方で、そもそも権力関係が入り込まない理解や、主観の入り込まない理解など、ありえるのかという問いはまだ残されている。これまでの批判においても、その中核にあったのは、権力関係があるにもかかわらずそれに気づかなかったことであり、また、主観的にならざるをえないにもかかわらず客観を装ってきたことであった。そのことと、権力関係の存在や主観性そのものを否定することとは、根本的に異なる問題である。

しかし、そうした検討は、まだ端緒にすらついていないように見える。それは、フィールドワークが往々にして、人類学が「肘掛け椅子の人類学」から脱出して近代的学問に発展するための手法として過剰評価されてきたためかもしれない。参与観察、ラポールなどの言葉は、あまりにも「神格化」され、一種の職人技のようにもみなされてきた。そしてそれゆえ、ポストコロニアル批判が出た際には、逆に、問題点のみが取り上げられ、一挙にネガティブな評価に移行してしまった。ただし、どんな手法も万能ではないし、問題点はあるはずである。むしろ、その問題点や限界を見極めることによって、その特徴や意義が際立ち、可能性が広がってくる。フィールドワークに対する批判や反省についての議論はかまびすしいが、その可能性を慎重に見極め、練成していこうとする動きはまだ十分ではないだろう。

実際、私自身のロッカでの調査をあらためて見直してみても、そこには、さまざまな問題はあれ、時代遅れの一言で切り捨ててしまうことはできないような経験も多々含まれている。人類学のフィールドワークは、人々との直接的な接触を長時間続けながら行われるものである。だからこそ、それをとおして得られるデータや経験は、調査者、さらには住民の側にとっても、予期せぬものであったり、その過程で自分の理解の浅さに気づいたり、新たな問いを突きつけられたりもする。むしろ、フィールドワークそのものが、そうした互いの理解の難しさを学ぶ装置なのかもしれない。

したがって本書は、こうした視点から、私のロッカでのフィールドワークをあらためて描き出していこうとするものである。ロッカで私は誰に、何に出会い、どう感じ、何を考えたのか、そしてその経験が私のイタリア研究をどう形作ってきたのか――もちろん、本書ではそのすべてをあらわすことは出来ないが、この視点からフィールドワーク経験を振り返ることは、人類学にとってのフィールドワークの意義をあらためて考え直すきっかけの一つになるだろう。

そしてこの振り返りの作業こそが、何よりも、私のフィールドワークの一環であるということもできる。私のロッカでのフィールドワークとは、長期の滞在が終わった時点で終了したわけではない。以降、たとえ実際に再訪することがなくとも、私がそのデータと向き合っている限り続いているのであり、また、そう考えるべきだとも思うからである。

いずれにせよ、そうしたフィールドワーク論については、また最後で戻ることとして、次の章からは私のフィールドワークにかんする話を具体的に展開していくことにしたい。まずは、私がロッカでの調査を開始するまでの道のりから、始めてみよう。

第二章　なぜイタリアを、ロッカを選んだのか
〜研究者と調査地の力関係〜

一九九〇年秋。私は、最初の長期調査後、何度もロッカを訪れているが、このときもほぼ一年ぶりの再訪だった。そして、最初の調査時に世話になった家の一つで昼食をごちそうになり、その家族と互いの近況について談笑している最中のことであった。

昼食後、この家にいつもおしゃべりに来る彼らの親族の一人が、この日もやってきた。彼はロッカでも冗談好きな人物として名の通っている男性である。そして私を見つけると、これまたいつも通り大げさな身振りで挨拶をしてきたが、このときはその挨拶を早々に済ませ、これまでとは少々違った真剣な顔つきで、「聞きたいことがあるんだけど」と切り出してきた。彼によると、日本で「一番バカな国はどこか」というアンケート調査があり、その結果「イタリア」という答えが一番多かったという。彼は、「それは本当か。本当なら心外だ。たしかにあなたたち日本人は、カメラや車などの分野では私たちイタリア人より長けている。しかし、私たちはバカではない」と私に詰め寄ってきたのである。

あとで知ったことだが、この数年前、イタリアではこのアンケートのことが広く報道され、大き

な話題になっていた。ダイムという雑誌でのアンケートだったという。実は、その後数年間、私はイタリアのほかの地域でも訪問先で何度か同様の質問を受けた。その際の人々の調子は、彼のような詰問調だけでなく、もっと軽くて自嘲気味のものもあったが、程度の差こそあれ基本的には不快感を覚えているという印象を受けた。

「イタリア」という問題

さてこの章では、主に、私がイタリアをフィールド地として選択し、ロッカで調査を始めるまでの道のりについて述べていくが、それは同時に、「イタリア」という問題をめぐる考察でもある。本書の舞台は、もちろん、私の調査地ロッカという町である。イタリアは、よく知られているように、南北の違いをはじめとする地域的多様性が大きい。このため、ロッカでの私の経験がイタリア全土に通用するわけではない。

ただしその一方で、ロッカがイタリアの町であることは事実であり、イタリアという問題をまったく無視するわけにもいかない。そもそも、私の研究の出発点はロッカではなくイタリアであった。そして現在でも、私はイタリアにかんする人類学的な研究を行っていると自認している。では、イタリアとは何なのか、イタリアあるいはイタリアの文化という言葉で指示されるものは何なのか——実はこの問題はそう簡単ではなく、私もまだ十分な答えを見出せていないのだが、ロッカの位置づけを明確にしておくためにも、ここである程度の議論を行っておきたい。

そしてもう一つの理由は、この「イタリア」という問題もまた、私がロッカでのフィールドワークで出会った重要な問いの一つだったからである。

実は、フィールドワークに入る前までは、この問題にそれほど関心をもっていなかった。当時まだコミュニティ・スタディ批判を十分に消化していなかった私の主たる関心は、依然としてロッカというコミュニティの民族誌の作成にあり、一方、イタリアについて考えていこうという問題意識は欠落していた。

しかしながら、よく考えれば、それ以前からも私はイタリアにかんしてさまざまな情報をもちさまざまなイメージを抱いていた。そのことが私の研究の方向性や内容に与えた影響は小さくなく、しかもそれらは、調査を経た現在も、形を変えつつ存在している。

また、フィールドワークの過程では、イタリア人の側も、自分たちがどう語られているかをよく知っており、とくに外国人たる私の前では、そうしたイメージを肯定することが多いことも経験した。彼らは、自分たちイタリア人は規則を守らない、時間を守らないと嘆いたり、自分たちは生活の楽しみ方を知っていると自慢したりもしていた。ただし、もちろんすべてのイメージを受け入れているわけではなく、冒頭のように反発することも少なくなかった。私は、彼らとそうしたやり取りを経験していく過程で、「イタリア」の実態とイメージの関連をどう理解していけばいいのか、そもそも「イタリア」とは何なのか、彼らにとってはどんな意味があるのか、そしてこうしたやり取り自体のもつ意味は何なのか等についても、何度も考えさせられるようになったのである。

もちろんこれは、どの調査地においてもあてはまる問題である。しかしイタリアは、世界的に見ても、非常に多くのステレオタイプに囲まれている国の一つである。その意味では、こうしたイメージがもたらす影響は、イメージをする方・される方どちらにとっても、ほかの地域の場合以上に大きいとみなすことができるかもしれない。

いずれにせよ私は、そうしたイタリアでのフィールドワークを通じて、この問題と何度も格闘することになった。そしてさらには、そもそも、私たちがほかの国や文化に対して抱くイメージとは何なのかという、より一般的な問いにも次第に目を向けるようになっていったのである。

新しい調査地としてのイタリア

では、私は、なぜイタリアを研究対象として選んだのだろうか。私の研究の出発点にさかのぼってみたい。

その答えはまず、前の章でも述べたように、まだ「未開」社会の研究というイメージが強かった人類学のあり方に異を唱え、新たな領域を開拓しようと思ったためである。

当時、人類学は少しずつ調査地を広げてはいたものの、それでも対象はせいぜい発展途上の国々にとどまっていた。その状況からすれば、イタリアという先進国、しかも人類学の発祥の地であるヨーロッパの文化を研究対象とすることは、最も効果的な異議申し立てになると思われた。そのころは、ヨーロッパにかんする人類学研究が日本にもようやく紹介され始めた時期でもあり、私は、その中でも、スペインやギリシャと並んで比較的すでに研究成果が蓄積されつつあったイタリアを選択したというわけである。

ゆえに私は、今でもしばしば、「なぜイタリアを選んだのですか」という質問を受けることが多いが、そのたびに以上の理由を述べるとともに、次のように付け加えている。

「イタリアは、たしかにこれまでの人類学的なフィールドワークに比べると、珍しい調査地です。しかし、日本人である私たちにとってイタリアは『異文化』です。その意味では十分に文化人類学の研究対象になりますし、むしろ、イタリアやヨーロッパの文化を日本からみるとどうなるか、という問題は、これまで西洋中心的な視点が多かった人類学にとっても、とても興味深いテーマでしょう。」

そして、「とはいえイタリアは、先進国の一つであるという意味では、私たちの社会に近いところが多く、『異文化』らしくないかもしれません。しかし目立った違いがないからこそ、表面上の明らかな違いに引きずられることなく、微妙な違いをじっくり調べていくことによって、そこにより根源的な違いを見出していくこともできるでしょう。むしろそうした姿勢こそ、人々の生活に密着して時間をかけて文化を理解しようとする人類学的な特徴を生かしたものであると、私は考えています」と。

インドネシアからの転向

ただし、これは少々表向きの理由であって、そこには、もっと具体的で個人的な、あるきっかけもあった。

実は私は、はじめからヨーロッパをフィールドにしようとしていたわけではなかった。たしかに新しい挑戦をしたいという思いは強かったが、最初に研究対象として選んだのは、インドネシアだった。私の学部生時代、インドネシアの研究者クリフォード・ギアーツの議論が人類学の新たな潮流の一つとして脚光を浴び始めていた。私たち学生も、晦渋な彼の論文等を十分に理解できないながらこぞって読んでいた。彼の議論は非常に幅広いものだったが、私にはとくに、それまで主流だった親族論に代表されるような集団論的な視点ではなく、個人と個人の関係に積極的に注目した議論が魅力的に映った。ゆえに卒業論文では、その視点からインドネシア社会について考察し、大学院ではインドネシアのジャワで調査をしようと考えていた。

ところが、卒業論文の準備中、指導教官からある提案があった。それは、私が大学院で引き続き研究を希望し、その後も研究生活をしたいと思っているなら、調査地を変えたらどうか、というものだった。

大学院進学とは、その後研究職としての就職を希望することを意味する。しかし、そもそも研究職の職探しは非常に難しく、女性であればなおさらだった。しかも当時は、ギアーツの影響などによってインドネシアを研究する者が急に増えていた。とするならば、その中で女性である私が、インドネシアを研究しても職を得ることは至難の業になるだろうから、皆が研究している場所ではなく、あまり研究されていない地域を選んだ方が希少価値という観点から就職にもつながるのではないか、と教官は提案したのである。こうした発言は、今ならハラスメントとも取られかねないだろう。しかし、当時の私の現状認識も同じだったし、むしろ、私の将来を心配してくださっての提案として真摯に受け止めた。

そして教官が、先にあげた『シエラの人々』を引き合いに出し、ヨーロッパにかんする人類学的な研究は日本ではまだまだだから、興味があればやってみたらどうかという助言をしてくれたことが、事実上、私のイタリア研究の出発点となった。このとき、教官が貸してくれた何冊かのヨーロッパにかんする民族誌のうち、マルタ島についての民族誌が非常に面白く、その著者がイタリアについても論じていることを知り、イタリア研究に踏み出していったのである。

イタリア映画

このインドネシアからイタリアへの転向は、かなり大胆に見えるかもしれない。周囲からはそうした声も聞いたが、実は、私自身はそれほどとは思っていなかった。というのも、それまでの私の第一の関心は、インドネシアというよりも、個人と個人のネットワーク的な社会関係のあり方にあったからである。その関心から見れば、しばしばコネ社会といわれるイタリア社会も、研究対象としては十分だった。むしろ、集団や制度にとらわれない個人と個人の関係にかんする研究であれば、イタリアこそ最適なフィールドであるとも思われた。

そしてこのことは、そもそも私が、イタリアにかんする民族誌を読む前から、そうしたイタリアのイメージをすでにもっていたことを意味する。当時はまだイタリアを訪れたことも、直接イタリア人と接触したこともなかったが、イタリアにかんしては、ほかにも、大家族とか、女好きとか、いい加減な社会であるとか、かなり具体的なイメージをもっていた。それらはほぼ、そのころの日本社会におけるイタリア像の反映だったろうが、私の場合、より直接的にはイタリア映画の影響も少なくなかった。

映画が好きだった私は、ちょうどそのころイタリア映画と出会い、映画をとおして彼らの生活に魅力を感じ始めていた。とくに、彼らが家族や友人たちと一緒に食事をしたり、笑ったり、喧嘩したり、悩んだりと、喜怒哀楽の感情をストレートに出しながら生活している姿は私を引きつけた。たとえば、『ゴッドファーザー』（これはイタリア映画ではなくアメリカのイタリア移民を題材にしたアメリカ映画だが）からは、マフィアの抗争という物語以上に家族の結びつきの強さを印象づけられたし、ネオリアリズモ映画からは、彼らの貧しくも人間味あふれる生活に共感を覚えた。フェリーニやヴィスコンティの映画などからは、そのどこか物悲しい世界観に引き込まれ、それまで見ていたアメリカやフランスの映画とは別の世界があることを感じていた。もちろん、コネなどの個人間の関係が豊かに展開されている様子も、随所に描かれていた。

このため、ヨーロッパを研究対象としようとした際、スペインやギリシャなどではなくイタリアを選択したのは、自分にとってはある意味、自然ななりゆきだった。フィールドワークでは、少なくとも一年以上、調査地に住み込まなければならない。ならば、やはり自分自身の個人的な興味も尽きない場所のほうがいいだろうと思い、それが、私が思い描いていたイタリア像とも合致したわけである。そこには、「イタリアに行けば、（当時ファンだった）マストロヤンニのようなイタリア人男性に会えるかもしれない」という思いもなかったわけではない。

イタリアは先進国とはいえない？

さてこのように、私がイタリアを調査地に選んだ理由には、硬軟取り混ぜてさまざまな要因が絡まっている。しかし今回振り返ってみると、その根底には、ある共通するイタリア・イメージが存在しているように思われてくる。それは、イタリアを「遅れた国」とみなすものである。

そもそもイタリアは、先進国であり、G８の一つでもあるのに、日本でも「先進国とは思えない」といわれることが多い。列車が頻繁に遅れる、仕事をしたがらない、就職にはコネが必要で、役所の書類手続きさえもコネがないとうまくいかない等々の話は枚挙にいとまなく、世界的にもよく知られている。

たとえば、二〇一四年の大晦日、新年を祝うため混雑するローマで、夜間勤務予定の警察官千人のうち、なんと八三五名が病気等を理由に欠勤して大問題になった。その中には献血を理由にしていた者も少なくなかった。献血など行われていない大晦日の夜の時間帯にもかかわらず、である。

また、数年前まで首相を務めていたベルルスコーニは、現在日本で最もよく知られているイタリア人の一人だろうが、その知名度の高さは、汚職や失言、未成年の買春疑惑などの公私にわたる数々のスキャンダルによるものである。彼がコンパニオン女性たちと過ごしたという、ブンガブンガという秘密パーティの名前は日本にも知れ渡った。こうした人物が延べ四期九年間にもわたって首相であったこと自体が信じられず、「日本では絶対ないことだ」と思う人は少なくないだろう。しかしその一方で、「でも、イタリアなら仕方ないか」「イタリアらしいな」という感想をもつ人も多いに違いない。

つまり私たちは、イタリアといえば、勤勉で規則と秩序にのっとった生活をし、制度もシステムも適切に機能している「私たちのような」「きちんとした先進国」とは異なって、皆自分勝手で規則や秩序は守らず、社会は混乱状態で汚職やコネが横行している社会であると、往々にして思っているのである。

イタリアに対する人類学の視線

では、実態はどうなのか、その実態を探ることが、とくに人類学という学問の得意分野であり役目ではないか、といわれるかもしれない。しかしその前に、人類学者もまた、そうしたイタリア・イメージにとらわれていたため、人類学の研究もそうした側面に集中し、結果、そのイメージの強化にもつながってしまっていたことも述べておきたい。

人類学は、西洋社会が「未開」をはじめとする非西洋を研究とする学問として始まった。それゆえ自らの社会であるヨーロッパにかんする研究が遅ればせながら始まった際には、新たな人類学の展望も期待されていた。しかしながら、このとき注意すべきは、ヨーロッパ全体が対象となったのではなく、イタリア、スペイン、ギリシャなどの南ヨーロッパがまず選ばれたという点である。

南ヨーロッパはそもそも、人類学のいわば本場であるイギリス・アメリカから見れば、ヨーロッパの「周辺」に位置し、「後進」とみなされがちな地域である。はっきりいえば、「未開」に近い。イタリアは、人類学によって最初からヨーロッパそのものではなく、相対的に「未開」に近いとされていたがゆえに、ヨーロッパの中でいち早く調査対象となったと考えられるのである。人類学は、自らの「未開」志向を反省してヨーロッパの研究に取り組もうとしたものの、その姿勢を払拭することはできていなかったともいえる。

そして、その見方は、イタリア研究そのものにも大きな影響を与えてきた。イタリア研究でも、その具体的な調査対象はやはり小規模な農村や山村に偏っていた。さらには調査が南イタリアに集中するという地域的な偏りもあった。周知の通り、イタリアには「南部問題」と呼ばれる南北間の格差が存在し、南イタリアは、イタリアの中では、政治経済的な意味だけでなく、文化社会的にも辺鄙で偏狭な伝統的生活が残る「周辺」としてイメージされている。いわば「後進」たるイタリアの「後進」性が、最も典型的に表れている地域であるともいえる。

とするならば、こうした偏向は、人類学がイタリアを「後進」とみなしていたからこそ、その

「後進」性が典型的に表われている南イタリアの小規模村落を調査対象に選び、事実上それを、イタリア全体を代表するものと考えていたことを意味する。もちろん、個々の研究者にはさまざま事情があるだろう。しかし、全体的に見れば、やはりそうした偏見の存在がなかったとはいえない。そしてこうした調査研究の積み重ねが、今度はひるがえって、イタリアの「後進」イメージをさらに強化していった可能性も否定できない。

『ある後進社会の道徳基盤』

この問題が典型的に表れているのが、一九五八年にアメリカ人の研究者エドワード・バンフィールドによって発表された民族誌、『ある後進社会の道徳基盤』である。この書は、南イタリアのバジリカータ州にある小さなモンテネグロという仮名の農村（人口三四〇〇人ほど）での調査をもとに執筆され、イタリアにかんする人類学的な研究の先駆けとなったものである。

彼が、イタリアを先進国ヨーロッパの一部というよりも「後進」社会として描き出そうとしていることは、そのタイトル「後進社会」からして明らかである。たしかに、バンフィールドが「後進」という言葉で指し示したのは、この村であって、南イタリア全体を、ましてやイタリア全体を、単純に「後進」であると考えていたわけではない。しかし、本書ではしばしば「南イタリア」「イタリア」という語が使われており、また序論にも、とくに南イタリア全体の貧困や開発の遅れと、その原因を探ろうとする問題意識を彼が強く有していたことが明記されている。

そしてバンフィールドは、その原因を「無道徳家族（amoral familism）」という言葉で表現した。これは、自分の家族の利益だけを追求して行動し、それ以外の他人の利益（「公共善（common good）」）にはあまり関心がないという精神を意味する彼の造語である。彼は、このモンテネグロで人々の行動を観察してインタビューを重ねることによって、人々が利他的・公共的な精神を欠き、皆私的な利害を追求していると分析し、そうした行動様式が、いまだ彼らの社会全体が貧しく後進的であることにつながっていると結論づけた。その際、バンフィールドが、十九世紀の政治思想家トクヴィルの議論を下敷きに、個人的な利害にとらわれない公共的な精神と連帯こそ、近代的で民主的な理想の社会の条件であると考えていたことも付け加えておく。こうした社会観からすれば、イタリアはまさにその対極に位置する「後進社会」なのである。

「無道徳家族主義」は、その言葉のインパクトもあって、すぐにアカデミズムを超えて、一般的にもイタリア社会の特徴を端的に示す語として知られるようになった。

もちろん、とくにイタリア側からの反論は大きかった。この書は数年後にはイタリア語で翻訳・出版されたが、その際には多くの研究者（イタリア人以外も含まれていた）による批判的な論文も同時に組み込まれた。今では、この語は、南イタリアに対するあまりにも偏った見方であるとして、アカデミックな領域では用いられることはない。

しかしながら、イタリアを「後進」とみなす視線が払しょくされたわけではない。

近代ヨーロッパの中の後進国

そもそもイタリアは、かつては古代ローマ、ルネッサンスなど、政治的・経済的のみならず文化的にもヨーロッパの中心として自他ともに認められていた時代があった。しかしそれが、「遅れた国」とみなされるようになったのは、近代になってからと考えられる。ここで少し、イタリアの歴史を振り返ってみよう。

イタリアは、芸術や文化の最先端だったルネッサンス期を経て近代に入ると、ほかのヨーロッパ諸国が近代国家の制度を整え、産業化を進めていったのとは対照的に、その流れに乗り遅れてしまった。当時のイタリアは、複数の都市国家などに分かれ、抗争を繰り返していた。南部は、一応、両シチリア王国という名で統一されていたものの、スペイン・ブルボン家やオーストリア・ハプスブルグ家の支配下にあり、きわめて弱体だった。さらには、次第に力を増すほかのヨーロッパ諸国からの干渉を受け、互いの覇権争いも激しくなり、政治的にも経済的にも低迷し混乱がいっそう深まっていった。

その混乱を経て、イタリアがようやく統一され近代国家となったのは、一八六一年のことである。イタリアという名を冠した「イタリア王国」の誕生だった。

ただし、近代化の遅れはそう簡単には取り戻せなかった。社会的な混乱はさらに増え、他国へ移住する人々も激増した。人々は少しでも良い生活をしようと働き口を求めて、アメリカやアルゼンチンなど、そしてフランスやドイツなどのほかのヨーロッパ諸国に移り住んだ。当時のイタリアの様子は、同時期に近代国家の仲間入りをした日本政府が欧米諸国に派遣した岩倉具視使節団の記録からも窺える。この使節団は、一八七一年から約二年間にわたって、先進国の制度や文化のあり方を直接学ぶことを目的としていた。その際彼らはイタリアも訪問したが、彼らの記録には、イタリアにかんして、町々は汚く貧しいという程度の記述しかない。イタリアは、当時の日本人の目にも「後進」で、学ぶべきものはほとんどないと映っていた。

先進国の「鏡」としてのイタリア

とはいえイタリアは、たんなる後進地として顧みられなくなったわけでもなかった。その歴史的・文化的な蓄積ゆえ、近代に入っても相変わらず多くのヨーロッパ人を引きつけていた。

たとえば、十八世紀から十九世紀にかけてのヨーロッパでは、「グランド・ツアー」という、貴族の子弟たちが教養を身につけるため数ヶ月から数年外国を旅行する習慣があったが、その主な行き先はイタリアであった。そしてイタリアに魅せられた文学者や芸術家たちは、ゲーテの『イタリア紀行』（一八二九年出版、イタリア滞在は一七八六〜八八年）、スタンダールの『イタリア紀行』（一八一七年）や『イタリア旅日記』（一八二六年）、『パルムの僧院』（一八三九年）などのように、紀行文や、イタリアを舞台にした小説等を数多く執筆した。それらには、イタリア人は皆いい加減で、社会が混乱しているというネガティブな記述もあったが、同時に、太陽の光にあふれ、賑やかで感情的、情熱的、恋愛に奔放であるなど、イタリアを賛美するものも少なくなかった。イタリアは、後

写真6　スペイン階段はイタリアの代表的な観光スポットで、映画『ローマの休日』の舞台でもある。この映画をはじめ、イタリアはしばしば恋愛映画の舞台とされる。その理由も、イタリアのイメージの一つとして考えると興味深い。2009年10月。

進的かもしれないが、憧れの地としての名声も依然として高かったのである。こうしたイメージは、現在でも基本的に続いている。

ただし、それらもよく見ると、たんにイタリアを積極的に評価するものであるとはいえない。たとえば、イタリア人は感情的であるという、よくいわれるイメージを見てみよう。

そもそも「感情的」とは、近代は「論理的」であるという立場からすれば、論理性の欠落を意味し、ネガティブに評価される。それゆえ感情的であることがイタリアの欠点、すなわち近代化の遅れの象徴とみなされることは多い。しかしその一方で、この同じイメージが、先に述べたように称賛や憧れの対象にもなっているのだが、その場合は、感情が、近代があまりにも行き過ぎた論理によって失ってしまったもの、ゆえに取り戻すべきものとみなされている。つまり、それはロマン化と呼ばれる現象だが、そこでも評価の基準になっているのは、やはり「近代」である。

とするならば、イタリアのイメージはいずれも、それがネガティブなものであろうがなかろうが、近代側の都合によって作られてきたといえるだろう。イタリアは、近代ヨーロッパが自身の優位性を確認したり問題点を反省したりするのに便利な「鏡」、すなわちポストコロニアル理論のいう「他者」として使われてきたのである。またこのことは、ヨーロッパが、外部の非西欧社会を「他者」とみなしてきただけでなく、自らの内部にもイタリアという「他者」を作っていたことを意味する。そのことが、イタリアにかんしてきわめて多様なイメージが存在する理由の一つかもしれない。

日本のイタリア・イメージ

ところでこうしたイタリア観は、日本にも明治以降、欧米社会を範として近代化を目指す過程ですぐに伝わってきた。その事例の一つが、先にあげた岩倉具視らの使節団の記録であり、その後もイタリアを「後進」とみなす姿勢は基本的に変わっていない。

たとえば、第二次世界大戦においてドイツ・イタリアと三国同盟を締結していた際も、ドイツにかんしては新聞等々でその社会や文化等についての紹介記事が多く掲載され、いわば同盟国の宣伝がなされたが、イタリアについては非常に少なかったという。戦後は戦後で、私も影響を受けたネオリアリズモ映画の影響のせいか、戦後の混乱の中貧困に苦しむイタリアというイメージが広まった。そして次第に、政治や社会情勢についても情報が入ってきたが、それも、首相が頻繁に代わり、働くのが嫌いでストライキばかりしているなど、ネガティブな印象のものが多かった。

とはいえ現在は、イタリアに対するイメージはとても良くなっている、といわれるかもしれない。日本で「行ってみたい国」というアンケートを取ると、イタリアは必ず上位に入ってくるし、イタリアやイタリアの生活に憧れのようなものを抱く日本人は少なくない。私も、「イタリアで調査をしてきました」という話をすると、多くの人から、「イタリアを研究しているなんていいですね」「イタリアに二年近くも住んでいたなんて、たとえ勉強のためでもうらやましい」などという言葉を、今でもかけられる。

しかし、そうした良い評価にも、先に述べたイタリアのロマン化と同じ構図が見て取れることは容易に想像される。ヨーロッパは、イタリアをただ遅れた国と見ていただけでなく、自分たち近代ヨーロッパが失ったものをまだもっている国とみなしていた。同様に、今の日本におけるイタリアに対する評価も、近代化した日本が、その過程で失ったものをイタリアに見出しているのではないか、と考えられるのである。

バブル期の転換

実際、面白いことに、イタリアが日本で注目を浴び始めるようになったのは、一九八〇年代末ごろ、いわゆるバブル期であった。この時期、日本中が好景気に沸く中、「イタ飯」という語に代表されるように、イタリアの製品や産物などに対する需要が急激に高まり、さまざまな情報が入ってくるようになった。ただし、その紹介のされ方には、ある傾向があった。それは、イタリアの豊かな生活に対する憧れという視線である。

たとえば、一九九〇年代に刊行されたイタリア紹介本をざっと見ただけでも、『生活大国イタリア』（長手喜典著、一九九三年）、『イタリア式極楽生活のすすめ』（マンリオ・カデロ著、一九九八年）、『人生を楽しみ懸命に働くイタリアーニ』（小林元著、一九九八年）などがあり、それらには、家庭、田舎、自然、喜怒哀楽、ゆったりした時間、人と人の絆などの言葉や描写が頻出している。こうした紹介のされ方は、以前のネガティブなイタリア・イメージとは、ある意味、真逆である。

このイメージ転換の背景には、たしかにイタリア側の変化もないわけではなかった。イタリアの製造業はこの時期、小規模ながらも品質の良い高級品を多様なニーズに合わせて生産していくという戦略を積極化させており、世界中に「メイド・イン・イタリー」が普及し、イタリア経済も好転した。それはイタリアのイメージ・アップにも貢献した。

しかしこの日本における転換は、その急激さからみても、やはり日本側の変化によるところが大きいといわざるをえないだろう。一九八〇年代、日本は世界的な経済大国の一つとして非常に豊かになり、人々の関心は「量」から「質」へと変わりつつあった。人々は仕事に追われ、日常生活や人と人との関係がおろそかになったり、自然が破壊されたり、さまざまな社会問題が出てくるようになっていた。そしてその中で、イタリアが、私たち現代日本が失った生活の豊かさをまだもっている国として急速に注目されるようになり、ポジティブに再評価されるようになったと考えられるのである。

もちろん、そうしたイメージに対応する現実がイタリアにないわけではない。また、それらは、以前の政治不安、汚職、マフィア、ストライキなどに偏った情報からすればポジティブな側面の紹介であり、より全体的なイタリア理解が進んだともいえる。しかし、そのどちらも、自分たち日本社会の状況と照らし合わせながら、自分たちの関心や都合に沿って情報を選択しイメージ化している側面が強いことには変わりない。とするならばイタリアは、依然として日本社会にとっては「他者」なのであり、その意味では、まだ私たちもイタリアを「遅れた国」として見ていることは否定できないのである。本章の冒頭で触れたアンケート結果も、その一つの表れかもしれない。

私のフィールド選択

さてこうしてみると、私がイタリアを人類学の研究対象に選んだ背景にも、こうしたイタリア観があったことは認めざるをえない。私は、先述のような日本社会に育ち、無意識のうちにそのイタリア・イメージに浸っており、さらには、同じようなイタリア観を抱えた人類学を学び、その延長線上でイタリアを調査地に選んでいたのである。やはりイタリアは、私にとっても「他者」であった。

そして、この私のイタリア観は、実は、イタリアの中でもロッカを具体的な調査地として選んだことに典型的に現れていた。

そもそも私は、出国前、南イタリアでのフィールドワークを希望していた。一つには、南部のほうが先行研究の蓄積が多かったせいだが、同時に、せっかくイタリアで調査をするなら、「イタリアらしい」南部でしたいとも考えていた。

それゆえ、一九八五年秋ローマ大学に留学をした私は、受け入れてくれた教授から、南部は女性には危ないのでローマの近くで調査してみてはどうかといわれたとき、失望を覚えた。さらに教授は、親切にも知り合いの別荘があるロッカを紹介してくれ、その知り合いにもすぐに連絡を取り、訪問の段取りをつけてくれたのだが、私の失望感はますます強まっただけだった。南部でないばかりか、あまりに都市に近いところでは人類学的な調査は無理だろうと思ったからである。

このため私は、教授の顔を立てる意味でロッカを一度は訪れるにせよ、やはり別の調査地を探そうと考え、計画を立て始めていた。ところが、そのロッカの最初の訪問で、私はそこを調査地と決めたのである。その理由は、ロッカが、ローマの近くではあるものの、周囲の町々の中では際だって「辺鄙」な町に見えたからである。

写真７　最初の調査時のロッカのバス停の様子。ローマへのバスが止まっている。ここは城壁の外にあたり、チェントロ地区へはここから徒歩で坂道を登っていく。当時この付近で、ロッカの家並みは途切れていたが、現在ではさらにここを越えて広がっている。1987年３月。

はじめてのロッカ

私は今でも、最初にロッカの町を訪れた日のことをよく覚えている。一九八五年十二月の半ばのことである。

ローマからロッカに向かうには、現在でも、地下鉄の終点にあるバス・ターミナルから、ローマ近郊の町々に向かうバスに乗る必要がある。このバスは、終点がロッカで、それまでに三つの町を通過するが、最初に通過する町・フラスカーティは、先にも述べた通り有名なワインを生産し、当時から観光に力を入れている大きな町であった。バスで通過しただけでも、ホテルなどの観光施設や大きなア

写真8　ローマからのロッカ行きのバスに乗り、一つ手前の町を過ぎてしばらくすると、ロッカの町が高い丘の上に見えてくる。その光景は、現在でも、他の町以上に孤立しているような印象を受ける。2013年10月。

パートメントが建ち並び、ローマの近郊のベッドタウンとして発達したようにも思われた。「田舎（パエーゼ paese）」というよりも、「都市・街（チッタ citta）」といった方が適当な風景だった。

ところが、それに続く二つの町は、ともに丘の上にコンパクトにまとまって「田舎」の雰囲気を漂わせており、それまで教授の推薦に失望感をぬぐいきれなかった私は、ローマのすぐ近くにこんな町があるんだと、次第に認識をあらたにするようになった。そして三つ目の町を過ぎると道路は急に勾配を増し、バスはまもなく林の中の道に入った。

ロッカは、先にも述べた通り、周囲のカステッリの町々の中でもひときわ高い標高に位置する。このため、冬場は雪が降ると交通の便が難しくなるなど、かつてから外部との交通に問題を抱えていた。もっとも私はそのときまだそんな情報は知らなかったのだが、道を覆う林の間から、さらに高い丘の上に立つ、さらに小さく孤立しているような町が見えたとき、この町で調査をするのも悪くないかな、と思ったのである。

もちろん、最終的にロッカを調査地と決めたのは、このあと数日間、教授の知り合いの家に宿泊させていただきながら情報を集め、ロッカでの滞在の便宜などについても熟考を経た数週間後のことである。しかし、この最初の印象が、私の背中を大きく押したことは間違いない。イタリアを研究するなら南イタリアを調査したいと思っていた私は、ロッカならそのイメージに近く、妥協できると考えたわけである。そこに、私のイタリア観が透いて見えることはいうまでもない。

私とイタリアとの関係

ではその後、ロッカでの調査を経て、私のイタリア観は変わったのか。

たしかにフィールドワーク中、さまざまな経験をし、変化はあった。ロッカがそれほど辺鄙でなかったことはすぐに分かったし、それとともに、それまで自分が南イタリアやイタリアをあまりにも「田舎」視していたことに気づき、反省もした。陽気で人懐っこいなど、イタリアにかんするさまざまな類型的なイメージについても、イタリア人が皆そのイメージに当てはまらないことや、逆

写真9　イタリア人は陽気な人たちといわれる。この写真は、パン屋の主人が店の窯でパンを焼きに来た女性たちとふざけ合っている様子。たしかに人が集まると、冗談やふざけ合い、さらには歌が始まったりすることは多い。1986年3月。

も少なくないことも思い知った。非常に神経質で怒りっぽく、猜疑心の強い人も少なくなかったし、仕事が大好きなイタリア人や、時間や規則をきちんと守るイタリア人も、意外に多かった。噂通り、人懐っこく親切な人たちだなと思う経験も多々あったが、その背後に、いろいろな計算や打算があることを知って、ショックを受けたことも一度や二度ではなかった。

しかしそうした変化は、個々のイメージを修正することにはなったものの、その思い込みの根幹、つまり、私自身が実はイタリアを「下」とみなして「他者」化しているという問題を明確に意識化することにはなかなかつながらなかった。

もちろん、前の章で述べたように、私の最初のフィールドワークの前後は、ちょうどポストコロニアル理論が日本でも紹介され始めてきた時期である。ゆえにとくに帰国後は、私もその影響を受け、人類学者がしばしば調査対象地を「理解」と称して一方的に「他者」化してしまうという問題も、理解するようになっていた。

ただしその一方で、私の場合、調査をする側（私）とされる側（イタリア）との関係は、これまでの人類学研究の場合のような力関係とは少々異なっているため、こうした批判には当たらないだろうとも考えていた。なんといってもイタリアは先進国、ヨーロッパであり、日本人の私との間には格差はあまりなく、コロニアルな関係は発生しにくいと思ったわけである。

たとえば、それまで私は、先輩たちの経験談から、フィールド地ではしばしば、現地の人々が調査者の使用している物などを欲しがったりする等々の話を聞いていた。しかし、私の場合はそうしたことはほぼなかったし、逆に、「かわいそうな日本人（povera giapponese）」といわれ、子ども扱いをされたり、少々見下されたような視線を感ずることもあった。それは一つには、言葉もおぼつかない私が、とても一人前の大人には見えなかったせいだろうが、私がイタリア人、ヨーロッパ人ではなく、日本人、アジア人であったことも絡んでいたと思う。

そうしたことをあからさまにいわれたことはなかったが、私が何か失敗したりすると、「日本はカメラや自動車などの分野では発展したかもしれない。しかし、そのほかではまだまだだから、あの『かわいそうな日本人』は何も知らない」等々という声を漏れ聞いた。また、私が調査を終えて帰国をするときには、ロッカの多くの人々が私に餞別を現金でくれたこともあった。その額は当時の通貨で一万リラから五万リラくらい（日本円で千円～五千円くらい）で、たんなる餞別だったのかもしれないが、そうした習慣は彼らの間では目にしたことはなかった。いつも町で挨拶をかわす程度の人から、「これで服でも買いなさい」と一万リラ札を押し付けられたこともあった。

もちろんこれらの経験を、彼らの日本人観という観点からだけで説明するのは単純すぎる。ましてや、日本とイタリアの格差が少ないことの証とすることもできない。ただし、こうした経験が、私に被調査者である彼らとの関係や格差について、いわば楽観視させる材料となってしまったことは告白しておかなければならない。そこにはさらには、帰国後、日本のイタリアに対する印象が良くなっていたことも関係している。調査前、私は、「なぜイタリアなのか」「イタリアって美術しかないのに、現在のイタリアについて学ぶことはあるのか」という訝しげな声をかけられていた。しかし約二年ぶりに帰ってくると、先にも述べたように「うらやましい」という声に一変していた。そうしたイメージの好転も、私が自分の中にあるコロニアルなイタリア観を、つい軽くみなして、気づきにくくしてしまった一因だった。

「おまえもイタリアをバカだと思っているのか」

ゆえに私のイタリア・イメージは、自分で意識している以上に根深く、ロッカでの調査のあとも居座り続けた。そのことに我ながら驚くこともしばしばあり、その一つが、冒頭のエピソードであった。このエピソードには、実は続きがある。

あの日、このアンケート結果について異議を突きつけてきた知人に対して、私はまず、彼の反応が少々過剰ではないかと感じた。それまでの私の経験では、彼らはたいてい、自分たちイタリア人が外からどう思われているかをよく知っており、規則を守らない等々のネガティブなイメージについても、反発するよりも自嘲気味に反応することが多かった。ゆえに今回も、そうなるだろうと簡単に考えていた私には、彼の反応は少々意外であり、だから最初は、これはたんなる「翻訳」の問題ではないか、と考えた。

日本語の「バカ」には、「おバカ」という表現のように、ある種の親しみのニュアンスが入り込むことが少なくない。一方、バカに相当するイタリア語（少なくともこの場合の翻訳で使われたイタリア語）の「シェーモ（scemo）」には、そのニュアンスはほぼない。たぶん多くの日本人は、イタリアのことを、ほかの先進国に比べるとさまざまな問題をもってはいるが、陽気で人間的で「愛すべきバカ」とみなしており、そのため、このアンケートにもそう回答したのではないかと想像した。実をいうと、私にも同じ印象があった。

ゆえに私は、「日本ではバカという言葉は、親しみを感じている相手にも使うので、けっしてあなたたちイタリア人をバカだと思っているわけではない。日本人はイタリアのことが大好きだ」と説明をした。私はこれで納得してもらえると思っていた。

ところが、それはほとんど功を奏さなかった。知人は、私の説明がよく分からないという表情でさらに顔をしかめ、「それでも、あんたたち日本人が、俺たちイタリア人をバカだといったことに変わりはない」といい募った。そしてさらに私に近づき、「お前もそう思っているのか」といったのである。

この言葉は衝撃的だった。もちろん一つには、図星だったからである。私は、軽い気持ちであろうがなんであろうが、基本的にはイタリア人を「下」に見ていたのであり、そのことを「私たち日本人」という複数形で語ることを封じられたとき、あらためて気づかされた。

そして、このこと以上に考えさせられたのは、私が、アンケート結果に不快感を覚えた彼の反応にちょっとびっくりした、ということ自体だった。先にも述べたように、説明さえすれば「誤解」はすぐ解けると楽観視していたし、少々のことなら許されるとも思っていた。しかしこの場合まずは、「誤解」しているのは私たち、すなわち勝手にイタリアを「バカ」とみなした側であると、考えるべきだったはずである。にもかかわらず私は、彼らのほうが「誤解」していると思ったのである。

理解（誤解）と力関係

このことは、優位に立っている（と思っている）側は、劣位に立っている側を、自分たちの都合の良いイメージに押し込めてしまうだけでなく、そのことを彼らがどう思うのか、という想像力をもちにくいことを典型的に示している。力のある側、優位の側、マジョリティの側は、力のない側、劣位の側、マイノリティの側の声をなかなか聴こうとせず、理解しようとはしないことは、ポストコロニアル理論をもち出すまでもない。私たちが互いを理解しようとする際、しばしば一方的なイメージを作り上げてしまうことは、とくに初期の段階においてはよくあることである。しかしそれが、類型化・固定化し、偏見という形にまでなっていくのは、その過程で、イメージの見直しという契機がなかったからであり、とくに権力の側こそ、そうした契機に気づきにくい。

たしかに、日本とイタリアとの関係において、どちらが権力の側にいるのかは難しい。少なくとも彼ら（イタリア）は、自分たちが日本よりも下位であるとは思っていないだろう。しかし私（日本）の側は、それでもイタリアを「遅れた」国とみなす視点を内面化していたのであり、このことは、相手が自分たちについてどう考えていようが、実際の関係がどうであろうが、自分たちを優位とみなしている（みなそうとしている）ならば、同じ構図の問題が発生することを意味する。

そしてもう一つ、私が自分を人類学者・研究者とみなしていたことが、この問題にさらなる拍車をかけていたことも付け加えるべきだろう。

研究者は、いわば権威の側の存在である。幸いにも（あるいは、残念ながら）私はロッカの人々からそういう扱いを受けることはなかったが（あまりにも頼りなさげに見えていたためだろう）、むしろそれゆえに、自分自身の意識のあり方に無頓着になっていたと考えられる。実際、私は、自分は研究者という立場で、この問題を客観的に把握できる立場にあると、無意識に思い込んでいた。だからあのとき、私は軽い気持ちで「説明」をしようとしたのであり、その思いの不遜さを、この知人の「あなた」という語で、思い知ることになったのである。冒頭のエピソードは、文化の理解における力関係という問題の根の深さをあらためて認識した事件だった。

人類学は、ある社会や文化を理解していこうとするがゆえに、その理解がはたして適切なものなのか、適切な理解とはどうあるべきなのかという、理解という営為そのものをめぐる問題についても取り組んでいかざるをえない学問である。本章では、その具体的な事例という意味でも、私自身のイタリア研究の姿勢が抱えてきた問題を、私がなぜイタリアやロッカを研究対象として選んだのかという問いとともに振り返ってみた。

では、ロッカを選択してそこに住み込んだ私は、そこで何を見て考えたのか、次章からはいよいよ、ロッカで実際に行ってきたフィールドワークへと話を進めてみたい。

第三章　フィールドでのさまざまな出会い
〜家族〜

一九九五年一月、阪神大震災の日から二日目の朝、突然、国際電報を受け取った。当時私は名古屋に住んでおり、勤務していた大学にちょうど出かけようとしていたときだった。差出人は、ロッカで私が最初にフィールドワークを行った約二年の間、間借りしていた家の所有者、すなわち大家の女性だった。

受け取るなり、内容はすぐにぴんときた。開くと案の定、私の安否を尋ねるもので、一刻も早く連絡せよ、とも書かれていた。実は、その前の晩、私も彼女に電話をしようとは思ったのだが、私が住んでいる場所がどこかは分かっているのだから大げさにすることもないだろう、週末にでも連絡すればいい、と見送っていたのだ。その時期、彼女との間にちょっとしたトラブルが発生しており、ロッカの訪問の際にも若干距離を感ずるようになっていたことも関係していた。

それゆえ、ためらわずに電話をかければ良かったと少々後悔しながら、向こうの時間が朝ごろになるのを見計らって電話をかけてみると、やはり彼女は、私の家族の無事を確認するや否や、なぜ連絡しなかったのか、と強い調子でなじってきた。「私も、私の家族も皆心配していた。マリアも、アンジェリーナも、エルネストも（以上皆近所の住民で、私とも親交があった）、ほかの人もだ。皆、お前が無事かどうか、私に尋ねに来るというのに」。

そもそも国際電報にしたのは、近所の女性たちに急かされたせいだということだった。住所は分かっていたが電話番号を失念したため、彼女たちとも相談して、日本大使館に電話をし、日本にいる知人とどう連絡を取ればいいかを尋ね、国際電報という方法を教えてもらったのだという。だから、私はマリアやアンジェリーナたちにも電話をしなければならないと、彼女はこのとき世話になった六名のリストを読み上げた。そして「お前は、私の家族の一員だと、私もほかの皆も思っているのだから、今後何かがあったらすぐに連絡をするように」と何度も念を押して、電話は終わったのである。

家族という研究テーマとの出会い

現在、私のイタリア研究の主なテーマの一つは家族である。イタリアといえば、家族、とくにマンマ（「お母さん」）を中心とする大家族というステレオタイプがある。ゆえに、私が家族を研究テーマに選んだのは、きわめて順当に思われるかもしれないが、実は、ロッカに調査に入る前までは、私はこのテーマにあまり関心をもっていなかった。

もちろん、当時のイタリアにかんする人類学的研究でも、家族は主要な研究テーマであった。イタリア研究の先駆者たるバンフィールドの「無道徳家族主義」論に触発され、イタリア社会は本当に「家族主義」といえるのか等々、批判も含めて活発な議論が展開されていた。

ただし私の当初の関心は、家族ではなく、むしろ「無道徳」の側面にあった。先にも述べたように、バンフィールドの「無道徳」とは公共精神の欠如を指し示す言葉である。しかしそれは印象論にすぎず、イタリア社会にも規範や規則がないわけではないという批判は早くからもち上がっていた。実際、彼らの社会では、友人関係やパトロン・クライアント関係などの、二者間のインフォーマルでパーソナルな関係が発達し、そうした社会関係をめぐって彼らなりの規範や規則があることに注目が集まるようになっていた。私も、主にその観点からイタリア社会を研究しようと調査計画を立てていた。

ゆえにロッカに住み込んだ当初は、町の政治や社交の場など、そうした関係が活発に展開されているであろう場に頻繁に出入りをしていたが、ほどなくして、彼らの家族という問題にも関心をもつようになった。そしてその最大のきっかけとなったのが、このエピソードに登場した大家の女性である。

彼女とは、私の調査中、大家と間借り人という関係を出発点に、彼女の子どもたちを含めたいわば家族ぐるみの付き合いに発展し、ロッカで質量ともに最も親交が深まった人物の一人である。彼女の名はここではアンナということにしておく。なお、本書に登場するほかのロッカ住民の名もすべて仮名である。

生活としてのフィールドワーク

フィールドワークは、すでに述べたように、研究者がある程度の期間にわたって人々とともに生活をし、さまざまな関係を作りながら社会文化を研究しようとするものである。ゆえに、たとえ事前に研究テーマを決めていても（もちろん目的を明確にしているほうが普通だが）、その過程で、さまざまな人や事件などと出会い、そこから研究テーマを大きく変えていくことは少なくない。

そもそも人類学者はフィールドでは、目的が明確に決まっているインタビューや、儀礼や行事などへの参加・調査などの、いわば調査らしい調査ばかりをしているわけではない。まずは、調査地で人々との関係（ラポール）を作っていく必要があるため、たいていは調査地に住み込み、そこで生活しながら、周囲の人々と世間話をしたり、生業の手伝いをしたり、さまざまなイベント等に参加したりする。つまり、現地の人々と同じような生活をしてみることが、まずは重要であり、むしろ、そうした日常的な生活や付き合いのほうが、いわゆる調査らしい調査以上にフィールドワーカーの時間の多くを占めているといったほうが良い。

このため、一見、調査としては効率が悪いようにも見える。ただし、こうした積み重ねがあるからこそ、フィールドワークは、通常のインタビューでは得られないような微妙かつ重要な情報を得たり、表面上窺い知れない事柄を観察することが可能になってくる。また、こうしたいわば生活型の調査では、事前の関心や目的からすればまったく関係がないと思っていた人々とも接触することが多くなり、その出会いから思わぬことに気づくこともある。さらには、些細な事柄に見えていたものが、長期の滞在をとおしてさまざまな経験を積んでいくと、実はほかの側面と関わっていたりして、きわめて重要だったことも分かってきたりする。もちろん、そうした濃密な関係にはネガティブな側面もある。誤解等々によって関係が悪化したり、人々の争い事に巻き込まれたりすることも少なくない。しかし、そうしたトラブルも含めて、フィールドワークの調査としての最大の特徴は、まさにフィールドの地で人々とともに生活することにあり、したがって人類学者には、そこで生活することの意味を（ただ漫然とそこで生活しているだけでなく）最大限に引き出していくことが課せられているのである。

そして、私の場合、そうしたロッカでの調査／生活の中から浮かび上がってきた問いの一つが、家族だったのである。

もちろん、イタリア社会における家族というテーマの重要性は、私も以前から承知していたのだから、正確にいえば「再発見」だろう。しかしその一方で、フィールドでアンナをはじめ多くの人々と出会い、彼らの生活に巻き込まれ、触発され、その過程で自分なりにこのテーマを獲得したという側面も間違いなくあった。その意味では、私にとっての「家族」との出会いは、まさにフィールドワークの醍醐味の一つだったともいえる。本章では、私のロッカでの調査を、とくにそのきっかけとなったアンナを軸に、主に家族という側面から描き出してみたい。

写真10　ロッカの中心的な広場。駐車場としても利用されていた。中央の建物が町庁舎（旧領主館を修復）。左側の足場が組まれている部分が教区教会。町庁舎のすぐ右横に低く重なるように見える二階建てのアパートメントがアンナの家。1987年６月。

アンナ

アンナは、ロッカの城壁内のチェントロ地区にある、教会と町庁舎が面する広場の一角に住んでいた。彼女は、私が最初に会ったときにはすでに七十歳を過ぎており、夫を五十歳代で亡くし、四人の子どもは皆結婚後に家を出たため、一人暮らしだった。

あとで分かったことだが、彼女は、このロッカではかなり目立つ人物の一人でもあった。そもそもこの場所は、ロッカのまさにチェントロのチェントロ（すなわち、中心の中心）ともいえる一角であり、彼女の家も近隣の家々に比べると広く立派で、彼女が、少なくともかつては経済的に余裕のある生活をしていたことはすぐに窺えた。また、教会が近くにあるせいもあって、日ごろから熱心に教会に通い、神父らと昵懇《じっこん》であるばかりか、彼女の弟が二回町長を務めたため、政治関係のパイプも数多く持っていた。その弟が町の政治から身を引く前までは、さまざまな有力者や町庁舎に陳情や手続きに来る者たちも、町庁舎のすぐ隣に立つ彼女の家を頻繁に訪れていたという。

とはいえ、私がはじめてアンナの家を訪れたときには、すでにそうした人の出入りもなかった。このため、一人では大きすぎる家に、少々体の悪い高齢女性が一人ぼっちで住んでいるという風情であった。彼女は、長年糖尿病を患っているうえ、太っているため膝を悪くしており、外出もままならないせいか、私の第一印象は非常に気難しげな女性というものだった。

間借りを決める

ところで、私を彼女に紹介してくれたのは、ロッカの町役場の職員であり、アンナの甥にあたるルカという人物だった。

私がロッカで調査をすることになったのは、すでに述べた通り、ローマ大学の教授の知り合いがロッカに別荘をもっているという話から始まった。それからほぼ一週間後、私は、案内を買って出てくれた学生とともにロッカを訪れ、数日間この知り合いの別荘で厄介になりながら、町の様子を見ることにした。はじめはロッカでの調査に乗り気でなかったことは先にも述べたが、実際にロッカの町の中を歩いてみると、とくに城壁内の地区は想像以上に小規模であり、これなら調査も可能

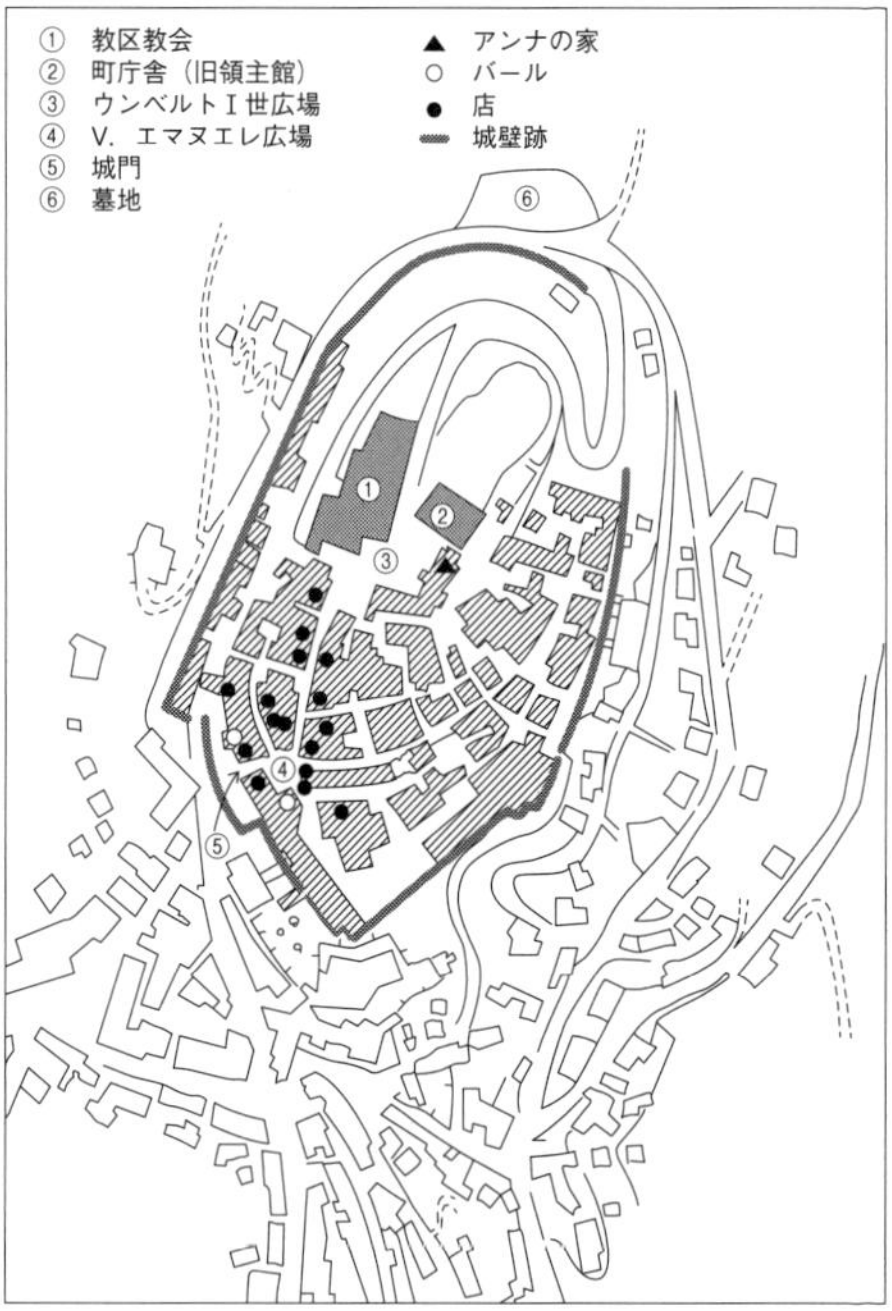

図2　ロッカのチェントロ地区（1987年）。チェントロとは城壁跡に囲まれた地区のこと。そのほぼ中央の、最も標高が高いところに教会と庁舎を抱える広場（③）がある。城門近くにも小さな広場（④）があり、その二つをつなげた道が、ロッカのメインストリートになっている。

だろうとすぐに思い始めた。ゆえに、あとは町の側の受け入れと宿泊の問題さえクリアできれば、と考えていたとき、この知り合いから彼がロッカで最もよく知る人物であるとともに、ロッカの情報にも精通する者としてルカを紹介された。

ルカはロッカで働いていたものの、結婚後、住居はローマに移していた。しかし、ロッカで生まれ育ち、今でも町の職員であるという職業柄だけでなく、父（すなわちアンナの弟）が町長をしていたため、ロッカについてはかなり深くまで知っていた。また、この知り合いによれば、旧弊な人間関係がまだ色濃いロッカの人々の中にあって、ルカは珍しく「話が通ずる」人物の一人だということだった。それは、ルカがローマで生活しているだけでなく、彼の世代（当時四十歳）では数少ない大学教育の経験者（卒業はしなかった）であるため、ことに「よそ者」にとってはいつも適切な助言をしてくれると、自身がロッカに別荘を購入したときの経験も交じえて付け加えた。そして実際にルカに会ってみると、冗談好きの陽気なイタリア人という面持ちで、好感がもてた。

ゆえに私は、そうした人物の紹介であり、しかもその叔母なら何かと心強いだろうと考え、教授の知り合いとともにアンナに会うことにしたのだが、いざ訪問してみると、アンナの反応はあまり芳しいものではなかった。

教授の知り合いは、彼女に、私が日本の大学院生で、イタリアの文化を学ぶためにイタリア政府奨学金をもらって留学していること、ローマ大学の教授が身元を引き受けていることなどを話して、間借りが可能かどうかと切り出した。また、こうして彼女に依頼しているのはルカだけでなく、神父や町長などからも推薦があったことも付け加えた。実際、この数日間、私たちは町の中心人物たちに会っていろいろな話を聞く機会があったが、宿泊のことを尋ねると、ほとんどの者がアンナの名前をあげて、彼女なら間借り用の部屋をもっているはずだといっていた。

アンナは、そうした話を、あまり表情も出さずに聞いていた。しかし、知り合いの話が終わると、自分は体も悪いし、高齢で一人暮らしなので、外国人の面倒を見ることはできないと断った。この時期、私のイタリア語力はまだきわめて不十分で、とくに方言となるとほとんど理解できないことが多かった。アンナのイタリア語にはロッカのなまりが強く、アンナが何を言ったのかは、正確にはのちに知り合いから教えてもらわなければならなかったが、彼女の表情と声音はなかなか怖く、たとえOKが出てもうまくやっていけるだろうかと、不安が募ったことは覚えている。

ただしアンナは、子どもたちにも相談したいといったため、私たちは彼女のもとを翌日もう一度訪れた。すると、雰囲気はそれほど変わらなかったものの、案に反して話はすんなりまとまった。家賃も、奨学金で暮らす学生だからということで、通常の半分以下だった。アンナの家族の間でどんな話がなされたのか、それとも最初の断りはポーズに過ぎず、引き受けるつもりだったのかは分からない。しかし、今から考えると、私は当時イタリア語もろくに分からず、不安で寄る辺のないような表情をしていたのだろうから、少なくとも、アンナのほうがそうした私によっぽど不安を覚えていたことは間違いないだろう。いずれにせよ、こうして私は、ロッカでの調査が決まった翌月、彼女の家に移り住んだのである。

ロッカでの生活始まる

さて私は、一月はじめ、クリスマスと新年が過ぎた時期、ロッカに住み始めることになった。一年のうちで最も重要な祭礼の一つであるクリスマスをロッカで過ごせなかったことは、調査者として若干残念ではあった。

しかし、そのすぐあとに、ロッカの中心的な祭りの一つ、聖アントニオ祭が行われるため、私はアンナの家に間借りするや否や、この祭りについての調査に取りかかった。

聖アントニオとは、動物の守護聖人である。ロッカはかつて、その標高の高さを利用して盛んに牧羊が行われており、牧夫たちを中心に聖アントニオに対する信仰が篤かった。もっとも、当時すでに牧夫の数は少なくなっていたが、祭り自体は牧夫の祭りという位置づけを越えて、気候の悪い日が続きやすい冬場の娯楽として町中に受け入れられるようになっており、むしろ規模を拡大して続いていた。

これは、私がロッカの町で広く知られるようになる良い機会でもあった。祭り等のイベントは、多くの人々が集まるため、フィールドワーカーにとってはたんなるデータ収集という意味だけでなく、その土地の人々との関係作りという意味でも重要となる。ロッカの聖アントニオ祭は、その規模が大きいだけでなく、その運営にはロッカのいわゆる有力者たちが多く関わっていた。私は、祭りの前後をとおして、こうした人物たちと関係を築いたりして、何よりも多くの人と知り合うこと

写真11　アンナの家のサロン。城壁外に建つ家では広いサロンを見かけることは少なくないが、城壁内では家自体が狭いので、これだけの広さをもつ家は珍しかった。このサロンは彼女のプライドでもあり、年１回はシャンデリア、家具、食器などを磨き上げていた。1987年10月。

写真12　聖アントニオ祭のメインイベント、山車のコンクールに参加した山車の一つ。山車は動物の守護聖人アントニオをモチーフに作られる。また、豊穣祈願の意味もあって、山車にはパン、オレンジ、ソーセージなども飾りつけられる。1986年1月。

写真13　聖アントニオ祭の主催者は信徒会である。聖人の日には信徒会によって聖人画の宗教行列が行われる。1年ごとにこの聖人画を守る当番が決まっており、楽団を先頭にした行列は、旧当番から新当番の家に向かう。1987年1月。

写真14　調査の二年目の祭りでは、私もあるグループの山車づくりに参加した。山車は聖人アントニオの礼拝堂をモチーフとするもので、私の役目は礼拝堂の壁に動物や聖人の絵を描くことだった。1987年1月。

ができた。また、祭り当日の式典では、日本からロッカの祭りや習慣を学びに来た日本人として皆に紹介された。

　こうして私は、ロッカに来てから数週間、もっぱら聖アントニオ祭にかかりきりになっていた。朝から一日中、祭りの関係者の間を渡り歩くような日も少なくなかったし、夜も、彼らと一緒に居酒屋などで食事をして遅くに帰宅することもあった。私には、そうした生活はロッカの社会に馴染むための近道であり、さらには、私の当初の関心である友人関係、パトロン・クライアント関係などの研究にも役立つだろうと考えていた。そしてその合間には、主にルカに仲介を頼んで、町役場等に保管されているロッカにかんするさまざまな資料を調査したりと、毎日をあわただしく過ごしていた。

このため、アンナとは一緒に過ごす時間はあまりなく、せいぜい食事のときに顔を合わせる程度だった。もちろん、彼女がなかなかの人物であり、ロッカについて興味深い情報をもっているだろうことは、住民たちの話からもすぐに分かってきたのだが、私の興味はまだ、祭りをはじめとする町社会のいわば政治的な諸関係に置かれていた。また、ちょっと強面のアンナを、私のほうが敬遠していたという理由もある。彼女は私が毎日どこで誰に会っていたかを聞こうとし、そうした詮索好きなところにも反発を覚えた。私の帰りが遅くなったり外食が多くなったりしていることを快く思っていないそぶりも見られ、なおさら距離をとるようになった。

さらに付け加えるならば、当時の私は、町についての情報は、女性よりも男性に聞いたほうが良いとも考えていた。これは、人類学者の側が抱えているジェンダー問題であり、詳しくは次章で述べるが、当時はまだその自覚はなかった。実際、私がこの時期、話を聞き回っていた相手はほぼ男性であり、しかも男性のほうが、多くの信頼に足る情報をもっているとなんとなく思っていたことは、自分でもよく覚えている。もちろん、家族や親族などのデータについても収集するつもりだったが、後回しになりがちだった。このように女性や家内領域を二義的に見てしまう姿勢も、私のアンナに対する当初の距離感に影響を与えていたことは否定できない。

とはいえ、アンナと同じ屋根の下で暮らしていくにつれ、次第に彼女の生活ぶりが見えるようになってきた。そして二人の関係も、たんなる大家と間借り人の関係から少しずつ変化していったのである。

台所のアンナ

では簡単にアンナの生活ぶりを見ておこう。

彼女の家は、石造りの二階建てアパートメントで、すでに述べたようにロッカのチェントロの、いわば一等地ともいえる場所にある。一階部分はもともと、農機具（夫が牧夫だった）や自動車などのガレージとして使っていたが、当時は会計事務所に貸していた。居住スペースは二階になり、そこにはサロン、台所、バス・ルームのほかに三つの寝室があったが、そうした部屋数だけでなく一つひとつの部屋の面積も、周囲のアパートメントに比べると格段の広さだった。そして、その三つのうち一つがアンナの寝室であり、私は、残りの最も小さなシングルベッド用の寝室を借りることになった。

当初私は、アンナのことを、一人暮らしの寂しい高齢女性としてしか見ていなかった。彼女は、足が悪いということも手伝って、毎夕のミサに出席する以外は、ほぼ一日中、家の中で過ごしていた。しかしその印象は、聖アントニオ祭のあと、私の外出も一段落ついたころ、変わり始めた。

たしかにアンナは、朝起きるとすぐに台所に入り、以降ほとんどの時間をそこで過ごすという生活を送っていた。彼女の台所は、狭いとはいえ、調理スペース（流し、コンロ、オーブン等）とともに、小さな食卓が置かれ、二、三人程度ならそこで食事することも十分可能な広さだった。アンナは日常の食事はここでしていた。また、調理コンロに兼用できる薪のストーブも設置されており、寒さが厳しいロッカの冬の間も、このストーブに火さえ入れれば、台所はとても快適な空間になった。

また窓際にはミシンがあり、台所は彼女の簡易な仕事場でもあった。アンナは、若いころ修道女から裁縫を学び、長い間、その技術を生かして小遣い稼ぎをしていた。彼女の腕はなかなか良く、一時期はかなりの収入になったという。私が住み込んだ当時はすでに暇つぶし程度にしか行っていなかったが、彼女の子どもたち、友人、そして近所の女性たちが、服の修繕等の簡単な裁縫を頼みに来ていた。そのためアンナは、一日一時間程度は、台所でミシンを動かしたり繕いものをしたりしていた。

とはいえ、アンナは台所で、大半は所在無げに過ごしているように見えた。そんなときは、窓際にある椅子に座って雑誌を読んだりすることもあったが、たいていは窓の外を眺めていた。しかしその場合も、ただ漫然と眺めているだけではないことに私は次第に気づくようになった。

そもそもこの窓は、ロッカの中心的な広場、つまり教会と町庁舎を有する広場に面しているものである。そのため彼女の台所からは、広場を訪れたり、立ち話をしていたりする人たちをよく見ることができた。場所柄、そこを行きかう者たちには町の有力者も少なくなかった。つまりアンナは、誰が教会や町庁舎に来たのか、誰と誰が連れ立って親密そうに話をしていたのか等々、人の動きを注意深く観察していたのである。

そして彼女は、そうして集めた情報を、家を訪ねてくる人々に開陳しながら、一緒にロッカの情勢についておしゃべりすることを最大の楽しみとしていた。

アンナの訪問者

実は、アンナの家には、長年の友人や近所の女性たちなどによる訪問が、けっして少なくなかった。

その中には、頼んだ買い物を運んでくれた店の人や近所の女性など、何らかの用事で訪れ、すぐに帰ってしまう者もいたが、そのまま話し込んだり、さらには、ただたんにおしゃべりに来る者も多かった。ゆっくりおしゃべりをしたい場合には、たいてい昼食後の午後の時間帯の訪問だったが、午前中も、買い物や町庁舎で用事を済ませた帰りに訪ねてくる者もいた。そしてもちろん、離れて暮らしている子どもたちや孫たち、さらにはルカのように甥・姪やほかの親族たちも、彼女の様子を見にしばしば顔を出していた。たとえばルカは、すぐ隣の町役場で働いていたため、仕事の合間にふらりと訪れ、アンナが作るコーヒーを飲みながらひとしきり話し込んで、仕事に戻った。こうした訪問者はいずれも、アンナの家に入ってくると、アンナがいる台所に直行し、そこでおしゃべりをしていた。

このように、いわば井戸端会議が行われている場所は、ロッカにはほかにも多々あった。その詳細については次章で述べるが、その中でもアンナの台所は、いわば重要な拠点の一つになっていた。

私はその様子から、町の人々がアンナを、ないがしろにはできない人物とみなしていることにようやく合点がいった。たしかに当時の彼女は、身体が不自由で外出がままならなくなっており、弟が町長を務め、羽振りのいい牧夫の夫が生きていたころに比べれば、その影響力は小さくなっていた。しかし、それでも町の人々は、彼女が何を考えているのか、何を知っているのかについて常に気にしていた。一緒に住んでいる私にも、何か事があるごとに「アンナは、この件についてどういっている？」と、探りをいれるような質問をしてくることが何度もあった。つまりアンナは、もっぱら家の中にいながらも、外との関係を数多くもち、その広い人脈からさまざまな情報を得て、さらにその人脈をとおして自分の意見や情報を発信しており、その意味では、ロッカでも非常に活動的な人物の一人だったのである。

アンナとの生活の変化

さてこうしたアンナの姿が、だんだん浮かび上がってくると、私はがぜん、彼女の生活に興味がわいてきた。間借り後ほどなくして、食事を一緒にすることになり（契約上は食事は自分で準備することになっていたため、それまでは別々だった）、アンナが調理を、私が後片付けを担当するようになったこともその一因だった。彼女と一緒に台所にいる時間が増え、そこに訪ねてくる人々と知り合うことができるようになった。

一方、アンナも、私への不安を消したわけではなかったのだろうが、訪問者が来ても私が同席することを許していた。訪問者のほうも、日本人の私に興味津々で、私がどんな人物で何をしているのか等を、知りたがっていた。そのためか、次第に、私が寝室にいるときに誰かが来ると、「タエ（アンナは私をそう呼んでいた）、コーヒーにしよう」とわざわざ呼びかけるようになった。コーヒーとは、イタリア式のエスプレッソ・コーヒーで、イタリアの日常生活では、食事のあとや、いわゆる社交の場で頻繁に飲まれている。日本の「お茶」の感覚と同じである。

こうして、とくに午後は、アンナの家でコーヒーを飲みながら訪問者とのおしゃべりに加わり、さらに訪問者が帰ったあとは、そのおしゃべりの内容についてアンナの解説をひとしきり聴くことが日課になった。アンナは、知り合いだけでなくロッカの多くの人々について、家族関係や経歴、職業などの情報を幅広く有しており、それを私に開陳することは彼女にとっても楽しみの一つだったようである。彼女の話には、もちろん偏りや間違い等もあったことにあとで気づいていくが、ことに調査初期は、私がロッカの概要を知るためのきわめて有用な情報源となった。

アンナとの微妙な関係

しかしその一方で、アンナとの関係がそう簡単には深まらなかったことも事実である。私がアンナの威圧感に覚えていた恐れや、多分彼女が私に感じていた不信感は、なかなか払しょくできなかったし、そのうえ次第に、微妙な上下関係も生まれ始めたように、少なくとも私には思えてきた。

実は、そのころアンナの生活を知りたいと思い始めた私は、掃除や洗濯などの彼女の日常の仕事を手伝うようになっていた。中でも外出が必要な用事は、ほとんど私が代わりにするようになった。彼女が高齢で身体が若干不自由であることも理由の一つだったが、同時に、たとえば掃除や洗濯などをアンナに教えてもらいながら始めてみると、家事のやり方などに日本との違いがあることが分かるようになったり、私一人の生活では訪れないだろう場所に行くことができたりしたので、むしろ私のほうから積極的に手伝いを申し出ることも多かった。ところが、次第にアンナが、まるで当然かのように私に頼み事をするようになり、正直、時々不快感も覚えるようになってきたのである。

この関係をアンナが、当時どう考えていたのかは分からない。彼女の側からすれば、言葉もろくに分からず、日常生活でも粗相や失敗の多い外国人は、少々迷惑な存在だったかもしれない。あるとき、彼女が近所の女性と私について方言で話していたとき（アンナは私に聞かれたくない話は強い方言を使った）、私に格安で部屋を貸しているのは「カリタ（carità、慈善）」だといっていたこともあった。また、アンナの手伝いのために出歩いている私を見て、町の人からは「おまえはバダンテ（badante）なのか」と不思議そうに尋ねられることもあった。バダンテとは、とくに高齢者や介護が必要な者の住み込みの家政婦をさす言葉である。

その一方で、私の側にも、結局は彼女をいわば有用な情報源として「利用」しているのだから、多少の手伝いも仕方ないのではないかという思いがあった。もちろん、このように相手を第一に情報源とみなすような関係は、人類学のラポールとしてあるべき姿ではなく、ゆえに、その是正のためにも否を唱えるべきだと思わないわけでもなかった。しかし、やはり自分の調査上の利便を優先することを選び、彼女の手伝いを続けていた。今から思えば、そんなことをあれこれ考えていた私が、アンナの側からはますます優柔不断に見え、扱いにくく思えていたのかもしれない。

ただし、そもそも人と人との関係とは、一般的に考えても、そう簡単に醸成されるものではない。

どんな関係が誠実で信頼し合うラポールといえるのか、そもそも、そんな関係などあるのか、という問いもある。そのうえ、当時まだ二十歳代後半で、ろくな人生経験をもたない私が、それらの問いに何らかの答えを出すことは、どだい無理な話でもあった。

ゆえにアンナとの関係に思い悩むたび、最終的には、あせって回答を出す必要はない、まだ時間はあるのだからと思い直していたのだが、ただ一つ、非常に気になることがあった。それは、アンナと日常的に食事をするようになっても、日曜日だけは違ったという点である。

実は、間借り契約の際、日曜日は外食をするようにと、あらかじめ申し渡されていた。最初は不思議に思ったものの、私が彼女の家に住み込むや否や、日曜日は、どこの家庭でも家族が集まって食卓を囲む日であることが分かってきた。アンナの家にも日曜日ごとに、離れて住む子どもたちが家族連れでやってきた。そうした家族の食卓の場において、私は部外者だったわけである。

もちろん間借り後最初の日曜日には、紹介もかねて、その食卓に招待された。しかしそれ以降は、アンナだけでなく子どもたちや孫たちとかなり親交が深まっても、彼らと日曜の食卓を一緒にすることはなく、私はレストランで食事をしていた。

このことは、彼らの日曜日の食卓になかなか入り込めないという問題以上に、なぜ、このように家族がほかの社会関係とはいわば別次元の扱いをされているのかという疑問を喚起した。こうして私は、家族という問題に踏み込んでいったのである。

イタリアの家族にかんする研究

ここで、イタリアの家族にかんする人類学的な研究について少々述べておこう。

イタリア研究において、家族が最大のテーマの一つであることはすでに述べた通りである。そしてその出発点が、バンフィールドの「無道徳家族主義」にあることとも指摘した。

ゆえにイタリアの家族研究は、まず、イタリアは本当に家族主義的な社会なのか、という問いをめぐるものである。そもそもバンフィールドの「無道徳家族主義」は、イタリアの家族についての分析というよりも、イタリアの社会全体が「無道徳」なゆえに家族の利害だけを追求しているという、彼らの社会についての分析であった。したがって、その分析が正しいかどうかだけでなく、もしそうだとしても、なぜイタリアでは家族以外の組織が発達しなかったのか等々の問題が、歴史的な観点も含めて盛んに論じられるようになった。また、その一方で近年では、イタリアをあまりにも家族主義とみなす論調自体が、イタリアを近代的な組織が未発達な「後進社会」とする視線の産物であるという、ポストコロニアル的な批判も出るようになっている。

そしてもう一つ、そもそも南イタリアの小村での調査をもとにしたバンフィールドの議論をイタリア全体に当てはめることはできないという批判は、イタリアの家族の地域的な多様性にかんする議論へとつながった。

たとえば、イタリアの家族といえば「大家族」というイメージが流布しているだろうが、結婚後も子どもたち（とくに息子）が家に残って拡大家族を形成するという傾向が見られるのは、実は、中部イタリアや北部の一部にすぎず、ほかの地域では、親と未婚の子どもからなる核家族形態が主流である。南部を調査したバンフィールドの「家族主義」という語が想定していた家族も、具体的には核家族の範囲を意味していた。

そしてこの違いは、単純な地域差ではなく、土地所有制度や農地経営のあり方の違いによるところが大きいことも、次第に明らかになってきた。

イタリアでは、とくに南部では、ラティフォンドと呼ばれる大土地所有制度が発達してきた。農地はごく一部の大土地所有者によって独占され、農民たちは、若干の所有地はあっても、たいていは地主の土地で年毎あるいは季節毎の短期契約によって働いていた。戦後、大土地所有は解体したが、農民たちの所有地は依然として狭く、零細な経営形態は続き、均分相続がその傾向に拍車をかけた。この地域では、農地経営という点でも核家族の範囲を超えるような多くの人手が必要となることは少なく、拡大家族化を促す要因はあまりなかったのである。

一方、中部イタリアには、折半小作制度（メッザドリア）という別の土地制度があった。それは、農民たちが長期にわたって一定の土地を借り、収穫を地主と折半するというものだが、ラティフォンドと比較すると、農民は（借地とはいえ）土地と継続的に関わることができた。また、何を生産するかも農民の側に任されることが多く、うまくいけば、より多くの土地を借りて経営を拡大し、収入を増やすこともできた。ゆえに農民たちは、地主との契約をより長く継続させて安定的な農業を続けていくため、子どもたちの家族と一緒に暮らして農作業を共同で行い、財産を分散させないよう相続もなるべく引き延ばそうとした。つまり、拡大家族という形態は、この土地制度に適した戦略であり、それゆえこの地域では拡大家族が発達したと考えられるというのである。実際、同じ中部イタリアでも、折半小作制度が見られなかった地域では、核家族形態のほうが支配的であるという調査結果もある。

ロッカの家族形態

さて、以上は簡単な見取り図にすぎないが、このようにこれまでの研究で培われてきたイタリアの家族像は、ロッカの事例にもおおよそ当てはまるように思われる。

まず、ほかの多くの地域と同様、核家族形態が主流であることは、ロッカに移り住むや否や、すぐに見て取れた。彼らは、結婚すれば、たいていは家を出て新たに住居を構えていた。もちろん、中には親夫婦と子ども夫婦が同居している世帯もあったが、その多くは、子ども夫婦に新居を構えるだけの経済力がない場合だった。だから、そう見られないためにも、親も子どもも同居を嫌がる傾向が強かった。実際、一見同じ家に住んでいるように見える場合も、それぞれが独立した生活を営むことのできる二世帯住宅的な造りになっていた。

そして、こうした彼らの核家族的なあり方は、とくに高齢者の住まい方に顕著にあらわれていた。ロッカには、アンナだけでなく、子どもと同居せずに暮らす高齢者が少なくなかった。たしかに病気等で日常生活が困難になってくると、子どもたちと同居を始める者もいた。しかし、子どもたちとの同居ではなく、家政婦を雇うという選択をする者も多かった。私は、調査前からイタリアには核家族形態が多いことを文献で知っていたが、一方で、イタリア人というと家族を大切にしているというイメージも強かったので、この状況には少々驚いた。しかし考えてみると、核家族形態が主流であれば、子どもの婚出後、親が二人暮らしまたは一人暮らしになるのは当然のことである。親の介護という場面で、彼らが往々にして同居よりも家政婦を選ぶのも、そうした核家族的な生活スタイルが彼らの社会に深く浸透していることの証かもしれない。

また、土地制度や農業形態の歴史という観点から見ても、ロッカには核家族形態が発達する土壌が十分にあったことも窺えた。ロッカには南のラティフォンドほどの大土地所有制度はなかったものの、従来から多くの住民はわずかな農地しかもたない零細農家であった。相続にかんしても、子どもたちに男女をとわず均等に分ける均分相続が基本であり、土地や財産は容易に分割される傾向が強かった。子どもの独立のためにも、早めに財産を分け与えることも少なくなかった。

「あなたの家族は誰ですか」

こうしてみると、ロッカの家族は、これまでの研究で指摘されていた核家族形態の一つであることは間違いないのだが、私は、ロッカでの生活を続け、とくにアンナとの付き合いが深まるにつれ、そうした理解だけでは十分ではないと思うようになった。

たとえばアンナは、たしかに一人暮らしだったが、彼女の家には、結婚して家を出た子どもたちや孫たちが頻繁に訪れ、密接な関わりを続けていた。先にも述べたように、日曜日ごとに集まって食事も一緒にしていた。そうした様子からは、そもそも「家族」というものに対する私と彼らの見方にずれがあるのではないかという疑問も出てきた。

そんな中、私はあらためて、アンナだけでなくロッカの人々に「あなたの家族は誰ですか」という質問をしてみたことがある。すると、多くの人が、結婚して家を出た子どもたちや、離れて暮らす親たちの名前をあげた。名前があがった者たちは、やはり頻繁に訪問し合っており、しばしば食事もともにしていた。

そしてさらに興味深かったのは、彼らから、「では、お前の家族は誰か」と、逆に問い返された時のことである。私は当時日本では両親と弟と暮らしていたので、その三人をあげて説明をした。しかし彼らは、それだけでは満足しなかった。すぐに、「では、祖父は、祖母はどうなのか」と聞いてきたし、続けて、「叔母は、叔父は、いとこは」と畳みかける者も多かった。

この問いに、私はとまどった。もちろん、こうした問いがそのまま、彼らの家族が祖父母などを含む大家族であることを示しているわけではない。ただしその一方で、日本では、このように叔父叔母なども含んだ問いが発せられることは、まずないだろう。

少なくとも私の場合は、二十歳を過ぎるころから、離れて暮らす祖父母と会うことはほとんどなくなっていた。幼いころはたしかに顔を合わせていたが、それも、せいぜい盆と正月の年二回だった。祖父母との関係とは、一緒に暮らしているなら家族という範疇に入るかもしれないが、離れていれば、家族の一員と思うどころか、疎遠になるのも当たり前だと思っていた。ましてや、叔父や叔母、さらにいとこにいたっては、冠婚葬祭の際に会うくらいで、思い出すことすらほとんどなかったといえる。だから、「あなたの家族とは誰か」という問いに、叔父叔母、いとこ、甥姪などが関わってくることなど、私には想定外だったのである。

こうして私は、彼らの家族については、ただ核家族か拡大家族かという類の議論ではなく、その定義から根本的に考え直す必要があるのではないか、という思いをますます強くするようになっていった。そしてその基準、範囲、定義とは何かを考えていくと、そこに浮かび上がってきたのが、アンナの家で日曜日毎に行われていた昼食会だったのである。

ではここで、その様子について述べておこう。

アンナの日曜日の食卓

アンナは、週日は私がいなければ、三食とも一人で調理をし、一人で食事をしていた。しかし日曜日になると、離れて暮らす子どもたちが昼食にやってきた。

彼女には四人の子どもがいた。娘が三人と息子が一人である。最初に会ったころ、彼らは五十歳代前半から四十歳代の年齢で、それぞれ結婚し、皆子どもを二人ずつもうけていた。長女は夫をすでに亡くしていたが、その娘（アンナの孫）は結婚しており、子ども（アンナのひ孫）も一人いた。この娘夫婦は、二世帯住宅に改装した長女の家に住んでいた。また、アンナの子どもたちのうち、長女と長男はロッカに家を構えていたが、次女と三女は、結婚を機にそれぞれの夫の町に移り住んでいた。いずれの町も、カステッリの中にあり、ともに自動車で三十分ほどで行ける距離である。

さて、このように別々に暮らしている彼らが、日曜日、アンナの家に集まってくると、あっという間に十数人にはなった。このため、食事の場は台所ではなくサロンとなり、そのサロンでさえ、ときには全員がテーブルに着席できず、ソファに座ったり窓際をテーブル代わりにしたりと、食事中はしばしば大混乱の様相を呈していた。

また、それだけの人数が集まれば、準備にも時間がかかった。昼食の準備は女性たちの仕事であり、主にアンナの娘たちが担当していた。彼女たちは前日の土曜日には互いに連絡を取り合い、昼食に来る人数を把握し、メニューと分担を考えることを習慣としていた。そして翌日曜日には、朝早くからアンナの家にやってきて準備に取り掛かった。ときには、それぞれが自宅で調理して持ち寄ることもあった。なお、その間、男性陣や子どもたちは、知り合いに会いに出かけたりして、家の外で過ごしていた。女性陣も昼食の準備の合間を縫って日曜ミサに出席することも多かった。

そしてミサが終わり、午後一時くらいになると、外に出ていた男性たちや子どもたちも戻ってきて、皆でサロンのテーブルを囲み、昼食が始まった。

食事は、通常、パスタ料理から始まり、肉料理（野菜付）が続くという、いわばフルコースである。パスタ料理も肉料理も、日曜日の場合には、それぞれ二種類作られることも少なくなく、量も多かった。彼らは、これらの料理を、賑やかにおしゃべりをしながらパンとワインとともに食し、肉料理が終わると、用意されていた果物皿から思い思いに自分の好きな果物を取ったり、タルトなどのケーキ類を切り分けたりした。ケーキ類も娘たちの誰かが手作りのものをもってくることが多かった。そしてこのころになると、たいてい長女か次女のどちらかが人数分のエスプレッソ・コーヒーを淹れ、ゆうに一時間以上、時に二時間近くかかった昼食が、お開きとなった。

日曜日は家族の日

さてこの昼食の習慣が、いつもは離れて住んでいる彼らの家族関係を常に活性化させていることは容易に想像がつくだろう。結婚後の親子関係や、祖父母と孫の間だけでなく、叔父叔母・甥姪同士、さらにはいとこ同士も、この日曜日の食卓をとおして、ごく幼いうちから頻繁に接触をし続けていた。

そもそも日曜日の家族の交流とは、昼食時だけではなかった。彼らはたいてい、昼食後もアンナの家にとどまった。おしゃべりをしたり、暇つぶしにトランプ遊びをしたり、あるいは近くの知人や友人たちを訪問しにちょっと外出したりして、結局、夕食まで一緒にしてから帰宅することが多かった。

また、こうした集まりの場は、アンナの家だけでなく、ときには、ロッカの城壁外で広い家に住んでいる長女の家や、隣町に次女の夫がもつブドウ園になることもあった。そこには当然、普段は外出しないアンナも加わった。とくに、次女の夫の両親は早くに亡くなっていることもあって、こ

写真15　アンナの次女の夫のブドウ園。この建物は次女夫婦が、いわば出作り小屋として自分たちで建てたものだが、2階には寝室もあって十分な生活ができるようになっている。手前にブドウの木が見えるが、ブドウ園の本体はこの家の後ろ側に広がっている。1987年3月。

写真16　次女の夫のブドウ園で、昼食用に大量のパスタを一緒に作っている女性たち。アンナの家族は、ブドウの収穫期だけでなく、天気が良ければこのブドウ園で日曜日を過ごすことが多かった。右手前の女性がアンナである。1987年3月。

写真17　次女のブドウ園では、ブドウの収穫時になると、アンナの家族が総出で手伝いにくる。子どもたちも、大人から農具の使い方を教わりながら、いわば農業体験を楽しんでいた。2006年10月。

写真18　毎年、アンナの家族総出で行われるブドウの収穫後の楽しみは、食事である。1～2時間かかる食事を終えても、すぐに食卓を離れることはなく、自家製のワインを飲んだりしながら、おしゃべりを続けている。

のブドウ園にはもっぱら次女の側の家族（つまりアンナの家族）が出入りをしていた。ブドウやオリーブなどの収穫期の週末には、彼らはその手伝いをしながらブドウ園で過ごしていた。

そしてもちろん、この習慣はアンナの家だけではなかった。ロッカの町のあちこちでは、日曜日ともなると家族が集まって食事をともにする様子が見られた。

このため、日曜日にはよほどのことがなければ、人々はほかの用事を入れることを避けていた。日曜日はもともと、キリスト教では労働を休む安息日である。しかし彼らにとっては、それ以上に家族とともに過ごす日とされているともいえる。実際、日曜日には日ごろ会えない友人や知人を訪問することも少なくないが、その際彼らは、相手が家族と一緒にゆっくり昼食をとっていることを想定して、いつもよりも遅めの時刻を心掛けていた。日曜日は、何よりも家族が最優先されていたのであり、それは、現在でも変わっていない。

食事をともにすることへのこだわり

とはいえ、既婚者の場合、夫婦どちらにも親がいるので、毎週自分の親の家で昼食をとることは不可能ではないか、という疑問もすぐに出てくるだろう。

当然、それは難しい問題であり、下手に配偶者のどちらかに偏ってしまうと争いの種になってしまうこともあった。したがってこうした場合、よくある解決策は、隔週で互いの親を訪問するという形であり、アンナの三女が、まさにこの方策を取っていた。次女の場合も、夫の両親は彼らの結婚時には亡くなっていたが、夫の兄弟たちとの関係は続いていたため、月に一回程度は夫側の親族の家で日曜日の食卓をともにしていた。

そして、彼らがアンナの家に行けない週には、その前日の土曜日に、それぞれの家族でアンナの家を訪れ、夕食をともにしていたことも興味深かった。イタリアでは、夕食は質量ともに簡単なもので済ますことが多い。アンナの家でもそうであり、土曜日の夜に彼らが来た際も、パスタ等は用意されず、ごく簡単な肉料理とパンという形が多かった。しかしこの土曜日の訪問は、彼らが、どんな形であれなるべく食事をともにしようとしている意識の表れにも見えた。土曜日に次女や三女の家族がやってくる日には、長女もわざわざアンナの家に来て食事をともにすることもあった。

また、親や近親が遠くに住んでいて、日曜日ごとに一緒に食事をすることは物理的に不可能であるという者も少なくなく、その場合には、夏の休暇期間などが活用されていた。

たとえばアンナの長男の妻は、北イタリア出身で、長男が徴兵によって彼女の出身地の近くで兵役を務めていた際に知り合い、結婚を機にロッカに移り住むことになった女性である。このため当然のことながら簡単に親元を訪問することはできず、通常の日曜日は、夫や子どもたちとともにアンナの家で過ごしていた。

しかし彼女は、六月下旬ごろ子どもたちの学校が夏休みに入るや否や、子どもとともに自分の故郷に戻った。夫も後から合流し、ひと月間ほどの夏の休暇は妻の故郷で過ごしていたが、妻は子どもたちの学校が始まる九月の初めごろまで滞在した。つまり、親兄弟と遠く離れていた彼女も、実は、年に二ヶ月以上、彼らと一緒に過ごしていたことになる。

食卓のさらなる広がり

そして、このアンナの事例で最も印象的だったのは、その食卓に、それほど近親ともいえない人物が加わっていることであった。

それはまず、アンナの義理の姪の姉妹二人である。彼女たちは、アンナの夫の姉の娘たちで、当時四十歳代だったが、ともに独身で、すでに両親ともに亡くしていた。ロッカでは、こうした日曜日の昼食の際には自分の親、兄弟姉妹、配偶者の近親などの家に赴くのが普通だが、彼女たちの場合、それに相当するような親も配偶者もいなかったことになる。このため、当時、最も近くしていた親族（母方の叔父の妻）であるアンナの家に出入りするようになったという。

さらには、アンナとはまったく親族関係にない女性とその娘も来ていた。この女性も、十代のころ両親を亡くしていたが、その理由は父の失踪と母の自殺というかなりスキャンダラスなものであった。しかも彼女は、その後結婚せずに子どもを産み、再び町中で物議をかもし、結局、親族から関係を絶たれてしまった。そんなとき彼女の面倒を親身になってみたのが、アンナであった。当時、彼らは近隣同士で、とくにアンナの娘たちがこの女性と仲の良い友達同士だった。

以来、この女性はその子どもともに、アンナたちといわば家族同様の付き合いをするようになったのだが、この女性も、先の姪の姉妹も、それぞれがアンナを最も近い親族（あるいは親族に近い関係）とみなして食事をともにしていることは明らかだろう。また、彼らの間では、たとえば姪の一人がアンナの長男の娘の洗礼親になったように、洗礼親制度という宗教的な親子関係が好んで結ばれていることも興味深い。最近では、このシングルマザー女性の娘が、数年前に生まれた二女の娘の子どもの洗礼親を務めた。これは、親族関係からいえば家族とはみなしにくい間柄にある彼らの結びつきを強化する方策の一つでもあろう。

緊密な家族関係

さてこうしてみると、彼らにとって家族とは、何よりもまず一緒に食事（とくに日曜日の昼食）をする間柄として浮かび上がってくるに違いない。アンナにも「あなたの家族は誰ですか」という質問をしたことがあるが、その回答には、シングルマザーの母娘と二人の義理の姪も含まれていた。たしかにその口調には、子どもや孫たちと同等とはいえないというニュアンスもあったが、それでも、たんなる親族や他人ではないという扱いだった。ほかのロッカの住民たちも、家族ならば一緒に食事をしなければならないと考えていた。逆に食事さえともにできれば、離れて住んでいてもそれほど問題を感じないが、一方で、日曜日に食事を一緒にできる者が誰もいないと、ひどく孤独を感じてしまうようにも見えた。

そしてさらには、こうして日曜日の食卓に集まる近親たちが、そのときだけでなく、日ごろから頻繁に連絡を取り合っていることも、次第に目につくようになった。

たとえば、アンナの家には、同じ町に住む長女や長男がほぼ毎日、仕事帰りや買い物帰りに顔を出していた。義理の姪たちや、シングルマザーの女性も同様だった。一方、隣町に住む次女や三女は、ほぼ毎日アンナと電話をしていた。そして孫たちもしばしばアンナの家に立ち寄っていた。孫たちは、隣町に住んでいても、小さいころから日曜日ごとにロッカに来ているので友人がロッカにいることが少なくなかった。このため、バイクに乗れるような年齢になると、その友人に会いによくロッカに来ていた。もちろん孫たちには、「ノンナ・アンナ（アンナおばあちゃん）」の家に行けばお小遣いがもらえるという下心もあり、親以上にアンナの家に顔を出している孫もいた。そして、子どもや孫たちは、アンナの家で会うだけでなく、彼ら同士の間でも互いの家を訪問し合ったり、電話をかけたりしていた。

それゆえ、何か困ったこと等が起こると、彼らの間では有形無形さまざまな形で助け合いが行われた。たとえば、誰かがアンナの体調不良を聞きつけると、すぐに連絡し合い、皆が集まってきて、病院には誰が付き添うか、ケアはどうするか等々を話し合っていた。また、子どもたちが職を探すような年齢になると、親だけでなく叔父叔母などもそれぞれのコネを総動員して、職探しに尽力した。そして何よりも印象的だったのは、子どもたちが親とケンカしたりすると、しばしば叔父や叔母に相談していたことである。同様のことは、ほかの家族の例でもいくつか見聞きしたが、アンナの家族では、次女とシングルマザーの女性が主にそうした役割を引き受けていた。子どもたちに尋ねると、恋愛や結婚、仕事や進路などの問題は、親よりも叔父や叔母とのほうが冷静になって話せるので相談しやすいと語っていた。

そして私は、こうした光景がアンナの家で毎日繰り広げられているのを目にするにつれ、これらの緊密な関係こそが、毎日曜日の昼食以上に彼らの家族の根本にあるのではないかとも思うようになっていった。日曜日ごとの昼食会は、むしろ、その積み重ねの上に行われる一種の儀礼のようなものかもしれない。そう考えると、そうした関係の積み重ねのない私が、多少アンナとの関係が深まっても、なかなか彼女の食卓の一隅につけなかったことも腑に落ちるようになったのである。

私の家族、日本の家族

ところで私は、こうした経験に触発され、以降、調査後も、イタリアの家族にかんする考察を本格的に進めていったわけだが、この経験は、ひるがえって自分自身の家族、そして日本の家族を考え直す機会にもなったこともここで付け加えておこう。以上のように、彼らにとっての家族が、一緒に住んでいること（共住）よりも一緒に食事をすること（共食）を重視していることが分かってくると、私は、それまで自分自身が家族を住居とあまりにも強く結びつけて考えていたことを、あらためて思い知るようになったからである。

たしかに日本でも、家族団らんという言葉があるように、家族で食事を一緒にすることの大切さは認識されている。しかし、その際に念頭に浮かぶ家族とは、やはり一緒に暮らしている範囲であって、それを超えて食事をともにしようとすることはほとんどないだろう。

しかも近年では、「個食」という語が出てきているように、その家族の中でさえ一緒に食卓を囲むことが少なくなっている。朝食時は、それぞれの出勤、通学時間に合わせて食卓につくし、昼食は、食べる場所自体がそれぞれ職場、学校、家とバラバラである。夕食も、子どもは塾やバイトで忙しく、親もしばしば帰宅時間が遅く、それぞれ適当な時間に食べることが多い。結局、一日をとおして一人ひとりが別々に食事をしているというわけである。もちろん週末にはなるべく家族一緒に食事をしようとするが、子どもがある程度の年齢になると、その機会も往々にしてなくなってしまう。

一方、一緒に住むことは、私たち日本の家族にとっては非常に重要な要素であり、このことは、そもそも日本語の家族という言葉自体が、明治期に family の訳語として作られたという経緯に端的に表れている。このことは、family に相当する語が日本語になかったことを意味しており、ならば日本には family はなかったのかと、奇妙に思われるかもしれない。

もちろん、日本語にも家族に相当する言葉がなかったわけではない。しかし、それは、イエやウチなどの語であり、それらは、「家族」だけでなく同時に建物としての「家」も意味していた。一方、英語では、「家族」と建物の「家」には別々の語（family と house）が当てられていた。当時の学者たちはこの違いに気づき、family は、日本のイエとは違って建物ではなく人の関係に焦点を絞った言葉であるとして、「家」に、同類集団を意味する「族」という語を加えて、「家族」という新たな訳語を作ったのである。そこには、日本の家族が、元来、家という居住に重きを置いたものであることが如実に浮かび上がってくる。

もちろん現在、日本の家族のあり方は、こうした議論が行われた明治期のそれとは大きく変わっている。しかし、住居と家族を結びつける意識は残っており、たとえば祖父母との関係について、同居しているか否かが家族の一員とみなすか否かの指標になっていることは多い。また、結婚や離婚などの際に、「イエを出る」「イエに戻る」といういい方もまだよく使われているだろう。

いずれにせよ、私の中にも、家から出ると家族ではなくなるという感覚が深く刻み込まれていたために、アンナたちの家族のあり方に衝撃を受けたことは間違いない。ちなみに人類学では、家族family と、一つ屋根の下で暮らす世帯 household とを明確に区別している。にもかかわらず私は、ついfamily と household を同一視してしまう愚を犯していたのであり、このことは、私の住居へのこだわりが、自分の想像以上に強かったことを示している。

アンナの食卓に加わる

そしてこの私自身の問題は、実は、私がアンナの日曜日の食卓に加わるようになってから、さらに痛感することになった。

当初私は、日曜日はレストランで食事をすることにしていたが、ロッカの町の人々の家に招待されることも多かった。それゆえ、アンナの家の昼食に加われないことは気にかかっていたものの、調査という意味ではそうした日曜日の過ごし方も悪くないと思っていた。しかし五月半ば、ロッカでは毎年、自生するスイセンにちなんだスイセン祭りがあり、私もそれに参加させてもらうことになって準備で忙しくしていたころ、突然アンナから、これからは日曜日にレストランに行く必要はない、ここで食事をするように、といわれた。

先にも述べたように、そのころにはすでに、アンナの手伝いは私の日課になっていたし、同じ町に住む長女や長男の家族とも付き合いができ始めていた。それでも、やはり私には彼らの家族のような緊密な関係はなく、ゆえに食卓を一緒にできないのは仕方ないと思っていた。さらに、アンナとの関係がさらに微妙になっていることにも気づいていたので、期待もあまりしていなかった。

しかしその一方で、私は、聖アントニオ祭やスイセン祭りなどのイベントに頻繁に顔を出していたため、次第に町中でよく知られるようになり、人々の私に対する関心が高まっていた。町の人たちは、私を見かけると、誰のところに住んでいるのか、家賃はいくらか、食事はどうしているのか等々、私のアンナの家での生活についても何度も質問した。彼らは、私がアンナの用事で町中を歩いている姿もよく見ており、「おまえはアンナのバダンテか」と問いかけた者がいたこともすでに述べた通りである。こうした中アンナも、私にかんする情報を周囲から聞き、私に対する不安が少々消えるとともに、私をたんなる間借り人としておくのは体裁が悪いと感じるようになったのかもしれない。

いずれにせよ、アンナの家に住み始めて約四ヶ月後、私はようやく彼らの日曜日の食卓の一隅をしめるようになった。

もちろん、だからといって家族同然にみなされたわけでない。同じく非血縁であるシングルマザーの女性と比べても、私と彼らとの関係は微々たるものだったし、アンナとの相性も相変わらず微妙だった。正確にいえば、たんなる間借り人ではないという程度の関係だったと思う。とはいえ、曲がりなりにも彼らの家族関係の末端に連なることになって、これでより間近に彼らの家族生活を見聞きすることができると思った。しかしながら、それは同時に、彼らの家族関係に慣れない私にはかなり大変なことでもあった。

アンナの家族の一員として行動する?

彼らの家族にとって大切なのは、実質的には、食事よりも日ごろの互いの緊密な関係であることはすでに述べた通りである。彼らは、日曜日だけでなく、日常的に家族や近親との連絡や接触に非常に多くの関心と時間を費やしている。たとえばイタリア全土に目を向けると、こんな興味深い統計もある。

十年ほど前、イタリア国立統計局によって行われたアンケートによると、親と別居している者のうち、毎日父／母と会っている者はそれぞれ三三・三パーセント／三六・一パーセント、週一回以上会っている者は三九・七パーセント／三九・七パーセントという結果が出た。そこには、イタリアでは結婚後もなるべく互いに訪問しやすい近距離に住む傾向が強いという背景もあるだろうが、距離とは関係のない電話についてみても、別居している者のうち、毎日父／母と電話している者は三〇・一パーセント／三五・三パーセント、週一回以上の者は四三・六パーセント／四二・三パーセントとなっていた。

また、親世代の側から見た場合は、別居の子どもたちのうち少なくとも一人と、週一回以上会うと答えている者は八七・三パーセント、別居の孫とは八〇・九パーセントであった。そして、兄弟姉妹間についても、毎日互いに会っている者は一九・二パーセント、一週間に一回以上が三六・〇パーセントとなっている。この数字は、ロッカで私が見聞きした人々の生活とも、それほど齟齬はないように思う。彼らは、家族であれば互いに常に連絡を取り合っていなければならないと考えており、また、実際にもそうしているのである。

ところで、私の場合は、アンナの家族の中でもいわば食客のようなものだったから、たとえ日曜日の昼食をともにするようになっても、それほど緊密な関わりは要求されないと思っていた。事実その傾向はあった。ただしそれでも、彼らの私の行動への関心はますます高まり、次第にいわば過干渉になっていった。誰に会ってきたか、何をしているのか等々、問われることは格段に多くなったし、日曜日にはアンナの家で食事をするのが当然とされ、ほかの家への招待が何度か続くといやな顔をされた。食事に行くならほかの日でもいいだろうと、注意されたこともあった。また、数日間、用事でアンナの家を留守にしたときには、帰宅まで電話連絡を一度もしなかったことをなじられた。そして本章の冒頭のエピソードも、その一つである。家族なら、たとえ遠く離れていても、いや離れているからこそ、災害など非常時にはなおさら連絡をしなければならなかったのである。

しかし私は、こうした密着した人間関係があまりにも自分の家族関係と違うため、頭では分かっていても、なかなか行動がついていかなかった。しかもしばらくすると、彼らの過干渉が私の調査に支障となるのではないかと思うようにもなった。事実、日曜日だけでなくほかの日でも、彼らの好まない人物と会うことが難しくなったこともあった。

そして町の人々も、私がアンナの家族に深く関わり始めたことが分かってくると、態度が少々変わってきたような感じも受けた。アンナとその家族が、少し前までは町の中で少なからず影響力をもっていたことは、すでに述べた通りである。当時はすでにその実質的な力は小さくなっていたが、それでも一つの「派閥」とはみなされており、その意味では町の中にさまざまな「敵」がいた。つまり私は、そうした彼らの家族がもつ政治的な局面にも否応なく関わってしまうことになり、調査者としては、もっと中立的な立場にいるべきではないかという悩みも出てきたのである。その意味では、アンナたちとの付き合いは、家族という問題だけでなく、フィールドワーカーとしてのあり方や、現地の人たちとのラポールという問題を考えるうえでも、重要なきっかけとなったことも付け加えておく。

家族の今

さて、私の最初の調査以降も、アンナの家族との付き合いは続いている。その後も、イタリアに行くことがあれば、ロッカでの再調査でなくとも必ず立ち寄るようにしているし、今ではメールや電話での連絡も多くなっている。

もちろん、その間、彼らの家族にも、子どもたちの結婚・出産をはじめ、さまざまな変化があった。アンナは一九九六年に他界した。数年前にはアンナの義理の姪の一人も亡くなった。また、アンナの死後、日曜日の食卓の場所は、長女の家や次女の夫のブドウ畑に移り、ほぼ同時に、三女の家族は彼女の夫方の家族と過ごすことが多くなって間遠になるなど、食卓に集まる者にも変動があった。ここ最近は、とくにアンナの孫の世代を中心に、日曜日でも昼食は自分たちだけで食事をし、その代わり、昼食後に親や近親を訪問する者が多くなるという変化も見られる。こうした変化について、高齢者たちは、若者たちの家族意識が大きく変わったとしばしば嘆く。

もっとも、現在、家族が急激に変化し、その変化に関わる問題が深刻化していることは、世界的な現象である。私たちの日本社会でも、少子化、高齢化、晩婚化などの言葉はすでに日常的に流布しているし、イタリアもここ数十年間、日本と類似の家族問題を抱えるようになっている。むしろ、両者はきわめて似通っているともいえる。

実際、合計特殊出生率はともに低く、一時期、イタリアが日本よりも低いときもあった。高齢者（六十五才以上人口）の割合は、現在、日本が世界一高率であり、第二位がイタリアである。晩婚化にかんしては、イタリアのほうが男女の初婚年齢はいずれも日本より高い。男女の役割分担の意識も、ほかのヨーロッパ諸国よりも根強く、女性の社会進出はなかなか進んでおらず、これは日本も同様である。

ところが、その一方で、両者には、そうした数字上の類似性が信じられないほどの違いがあることに今でも驚かされる。それはもちろん、彼らの家族の緊密なあり方である。

たとえば、十年ほど前、イタリアのテレビ番組で日本のひきこもりについて取り上げられたという。それを見た友人知人から、「あのイキコモリ（ひきこもりのこと。イタリア語ではHは発音されないため）とは何なのか。なぜ親や兄弟姉妹はドアを蹴破らないのか。家族だろう?」と、半分不思議そうに、半分憤った口調で尋ねられたことがあった。最近では、子どもや孫を装う振り込め詐欺が日本で増えているという話も理解してもらうことは難しく、「子どもや孫の口調をどうしたらまねできるのか」と問われたこともある。いずれも、常に緊密な人間関係が展開されている彼らの家族にとっては、想像すらできない現象なのかもしれない。

また、独居の高齢者のケアなどの問題はイタリアでも表面化しつつあるが、やはり日本に比べると、そこでも家族・親族間の助け合いはまだ強い。たとえば、アンナの義理の姪が数年前に亡くなったことはすでに述べたが、彼女は当時同じく独身の妹と折り合いが悪く、一人で暮らしながら約三年間自宅療養をしていた。その彼女の面倒をアンナの娘たち・孫たちが入れ代わり立ち代わりみていた様子は、とても印象的だった。

関係か、枠組か

したがって、こうした彼らの家族のあり方から、私の家族、そして日本の家族をあらためて見返してみると、それは、各自の親子や兄弟姉妹等々という「関係」よりも、家族としての「枠組」を重視してきたように思えてくることも最後に述べておこう。

先に私は、日本では住居が家族の指標とされていると述べたが、住居とは、私たち日本社会の家族という「枠組」の象徴であるといいかえたほうが良いかもしれない。日本では、家の壁を越えると家族関係は急に薄まり、近親でさえ、別居していると、その家の中で何が起きているのか、分からないという事態も少なくない。これは、住居が家族を規定する「枠組」そのものであることを意味している。また、家の内側の関係についても、とにかく一緒に住んでいるという「枠組」の維持が優先されるためか、そこに住む者一人ひとりが互いに日常的に会話をしたり食事を一緒にしたりして「関係」を作っていこうとする行動は二の次になっているように見える。もちろん私たちも、そうした関係が重要であるとは考えている。家族なら一緒に食事をしたり、会話をしたりすべきだと思っている。しかし、たとえばアンナたちの日常に比べれば、その思いが行動にそのまま反映されることは少ない。むしろ、家族同士でも迷惑や心配をかけたくない等、互いに遠慮することも多い。

一方、イタリアの家族にも住居や血を同じくするなどの「枠組」がないわけではないが、より重視されているのはやはり「関係」であるといえるだろう。家族が「枠組」ではなく「関係」であるということとは、それを支えるものが、自分の相手に対する行動であり、コミュニケーションであるということである。日常的に互いに関係を培っていくことが、家族であるとされているのである。

ただし、だからといって彼らの家族のあり方が理想的というわけではない。そこにも当然、さまざまな問題がある。たとえば、これだけ緊密に連絡を取り合わなければならないとなると、第一、面倒だし、トラブルも多くなる。アンナの家に日曜日ごとに集まる子どもたちも、たまには自分の家でのんびりしたいと愚痴っていた。また、食事の用意などのさまざまな負担をどう分担するかにかんしてはよく口喧嘩をしており、彼らはいつも仲が良いわけではなかった。ほかの家族では、些細なトラブルから兄弟姉妹間で話すらしなくなってしまった例も少なからずあった。さらに、こうした家族間の助け合いの強さが、イタリアの社会福祉の遅れの原因になっていると指摘する研究者もいる。

そもそも彼らの家族のあり方は、当たり前のことだが、イタリア社会のほかの側面とも密接に関わりながら作られてきたものである。ゆえに外部の者が簡単に評価することはできず、安易な理想化は、たんなるロマン化になりかねない。

しかし、それでも私たちはそこから何かを学ぶことはできるはずである。少なくとも、自分たちの家族のあり方がけっして唯一でも自然でもないことは、彼らとの比較から十分に分かってくる。その違いから、自分たちの家族のあり方をあらためて意識化していくこともできる。こうした自文化の見直し・相対化が、人類学がもつ重要な意義の一つであることは、すでに述べた。そしてそのうえで、日本の自分の身の回りでも、家族の枠組をもう少し緩くして、風通しを良くし、家族の内と外どちらにおいてもより意識的に関係を作り出していくことができれば、なお良いだろうと、私は、アンナたちのことを思い出すたびに考えている。

第四章　見られているフィールドワーカー
〜ジェンダー・セクシュアリティ〜

「あんた、靴をもっていないのか」

ロッカでフィールドワークを始めて約半年たった初夏。そのころ世間話のために毎日必ず立ち寄っていた店の主人の女性から、私は突然こう問いかけられた。

当時、私はもっぱらスニーカーを履いてロッカを歩き回っていた。ロッカは、ほかのイタリアの町同様、丘の上に作られているため、坂が多い。そのうえ城壁内の道はほとんどが石畳で、いくつか石がはがれたまま放置されている個所もあった。それゆえスニーカーのほうが歩きやすかったし、なんとなく、フィールドワークには（革靴などではなく）スニーカーという妙な思い込みもあった。ところがこの店主は、スニーカーはおかしい、といい始めたのである。

彼女は続けて、「お前は、学校に行っているような小さな女の子（ラガッツィーナ ragazzina）じゃないんだから、若い女性（ラガッツァ ragazza）としてちゃんとした格好をしなさい。第一、そのスニーカーはみっともない。服にも合っていない」と説教をし始め、最後には「靴をもっていないなら、私が買ってあげよう」とまで申し出てきた。

私はもちろんその申し出は丁寧に辞退したものの、彼女にも一理あると思い、帰宅するやパンプスに履き替えた。

そして再び外出をすると、今度は別の人から、「靴を変えたんだね」と話しかけられた。また少し歩くと、「いい靴をもっているじゃない」などという人もいた。当の店主は、私の姿を見るや否や満足げに笑い、「言った通りでしょ。ほかの人もそう思っていたよ」と、ちょうど店にいた客と頷きながらいった。このとき私は、どうやら以前から私の靴について町中で話題になっていたらしいことを知った。私は常に皆に見られていたのである。

透明人間ではない調査者

さて、一章でも若干触れたが、人類学のフィールドワークが、現地で人々の生活を直接的に観察しながら行う調査であるなら、それは同時に、調査者も現地の人々から観察されることを意味する。調査者が見られているということは、ごく当たり前のことである。そしてこのことは、調査者がどんな人物なのかによって人々の反応も当然変化するため、彼らとの付き合いの中で得た調査資料を分析するにあたっても、考慮すべききわめて重要な要素となるはずである。

しかしながら調査者は、これまで、しばしば自分自身をあたかも透明人間のようにみなす傾向があった。調査する側は、調査「者」と呼ばれるのに対して、調査される側は調査「対象」ともいわれる。人類学者は、調査に専心すればするほど、フィールドで出会う人々を「対象」とみなし、それが人と人との関係であることをつい忘れがちだったともいえるかもしれない。

たしかに、とくに一九八〇年代以降は、一章で述べたポストコロニアル理論などによってこの傾向は是正されつつある。人類学者は、自分たちがしばしば権力側の人間であり、そのことがフィールドでの人間関係に影響を与え、調査・研究に偏向をもたらしていることを、より意識化するようになっている。

しかし、このことを頭で分かってはいても、フィールドの現場でようやく実感するという者は少なくないだろう。少なくとも私はそうであった。

研究者はフィールドで、人々とじかに接触することをとおして、否が応でも、彼らの自分に対する視線、態度、声を、感じたり見聞きしたりする。たとえ言葉が分からない時期でも、彼らとともにいれば、その雰囲気はおのずと伝わってくる。そしてそのときフィールドワーカーは、自分が目だけの透明人間ではなく、さまざまな属性や個性を身にまといながらその場にいることを実感せざるをえない。このことは、調査者もまた、人々から「調査対象」として見られ解釈されていることを意味する。

そもそも、人類学者と現地の人々との間の権力関係や信頼関係（ラポール）とはいっても、そうした言葉だけでは通りいっぺんの抽象的な概念でしかない。この問題の深さと複雑さを理解していくためには、人類学者の側がまず、自らを調査者という名の匿名的な存在ではありえないことを十分に自覚する必要がある。フィールドワークは、その訓練と実践の場でもあるのである。

戸外での経験

そしてイタリアでの調査の場合、もう一つ別の要因も絡んでいた。それは、彼らの日常生活自体に、互いが互いを見るという行動が深く埋め込まれているという点である。

彼らは、頻繁に外出し、暇さえあれば家の外で友人や知人たちと過ごしていた。前の章では、彼らが家族との時間を非常に大切にしていることを述べたが、彼らにとっては、家の外で町の人たちと付き合うことも、とても重要なことだった。

私は、そうしたロッカの町で暮らすにつれ、戸外で多くの人の目にさらされていき、先のようなエピソードに何度も遭遇するようになった。それにともない、彼らが私を「調査者」とは（私が期待するほどには）みなしていないことにも、まもなく気づいた。

もちろん私は、ロッカの祭りや習慣などについて学んで記録している学生程度には思われていた。ただし、私のほかの側面も注目されており、語られ、噂になっており、その最大のものの一つが、私が女性であるということについてだった。

若干奇妙ないい方かもしれないが、実は私は、彼らとの生活の中で、自分が二十歳代後半の独身女性であることをあらためて意識するようになった。そしてこの経験が、私を、それまであまり関心のなかったジェンダー研究へと導いていった。ジェンダーというテーマは、今では、私の最も重要な研究関心の一つにさえなっている。

このため本章は、前章が家族という屋内での生活に焦点を当てたのに対して、私のフィールドワークにおける屋外での様子を、主にジェンダーやセクシュアリティに関わる側面に沿って述べていきたい。それは、ジェンダーという視点から、フィールドワークにおける人間関係の難しさや面白さを考えようとするものでもある。なお、彼らの屋外での付き合いには、ほかにも重要な側面がある。それは、彼らのいわゆる「無道徳」性に関わるものだが、それについては次章で触れることにする。

女性たちの冷たい目

ロッカに住み込んでからの一、二ヶ月間、私が聖アントニオ祭という祭りを軸に調査を行っていたことはすでに述べた。

このため、ロッカでの私の当初の知り合いは、大半がこの祭りの関係者たる男性たちであった。彼らとの世間話は大事な情報源でもあったので、私のほうからも、彼らがいつもたむろしているバール（後述のように、ほぼカウンターだけの喫茶店）や居酒屋に積極的に顔を出した。一方、彼らも、私が興味を示すだろう事柄やイベントを紹介してくれたり、食事に招いてくれたりした。彼らを起点として、町の住民たちとの付き合いは広がっていった。

ところが私は、次第にある違和感を覚えるようになった。町を歩いていると、なんとなく視線がおかしいのである。そんなときアンナから、いつも男たちと外をほっつき歩いてばかりいる、という意味の嫌味をいわれ、どうも町の女性たちとの仲がうまくいっていないことに思い当たった。たしかに、すでに女性たちとも日常的に挨拶をかわすようになっていた。しかし、彼女たちの気軽な世間話には加われず、女性たちは老若をとわず、どこかよそよそしかった。そして当時、私が気軽に話していた相手といえばほとんどが男性たちであり、このことが、女性たちから距離をとられていた理由ではないかと、遅まきながら気づいたのである。

私は、調査の前、先行研究などから、イタリアの町では男女の生活空間がかなり厳しく分かれているらしいことは学んでいた。それまでに出版されていた民族誌などでは、家の外で活動するのはもっぱら男性であり、とくに結婚前の女性が一人で表を歩くことは適切でないとされているという記述もあった。

とはいえ、当時すでに大きく社会は変化しており、そうした分離はあまり目立たなくなっているだろうと考えていた。とくにロッカは、大都市たるローマの近くに位置しているため、なおさらそうではないかと想像していた。実際、ロッカでは、独身女性でも同伴なしに一人で町を歩いていたし、男性の場所といわれるバールにも、女性はしばしば出入りしていた。第一印象としては、厳しい男女の分離は見当たらなかった。また、男女の分離は、一般的に、男女の優劣関係の反映であるといわれてきたが、ロッカでの女性たちの様子を見ていると、彼女たちは少なくとも私たち日本社会の女性以上に逞しく強いように思われた。このため、まさか分離が強く残っているとは思わなかったし、何よりも、私は調査者であり外国人でもあるから、男女どちらの領域に入り込んでも人々の規範からは免除されるに違いないという考えもあった。

しかし、彼らの生活においては、実は、いまだ男女の分離は強く意識されていたのである。まず、人々の戸外での様子について、簡単に記しておこう。

広場とバール

すでに述べたように、ロッカの人々は、暇さえあれば家の外に出ていた。若干の誇張を覚悟すれば、家の中では食事と寝ることだけで、それ以外は外で生活をしていたともいえる。私も、部屋の中にいると、アンナから「外に出なさい」「なぜ外に出ないのか」と何度もいわれた。私は、昼間でもしばしば、町で見聞きした情報を記録したり整理したりしていたのだが、彼女には何の用もなくただ部屋にいるように見えたのだろう。彼らにとっては、用事がなければ、家の中にいるのではなく、外に出るほうが普通だった。

ところで、イタリアの町には、こうした人々の戸外での生活が展開される舞台が用意されている。それはまず、広場である。

イタリアの広場は、立て込んだアパートメントの中にポカリと空いた空間である。大都市では、モニュメントが置かれているところもあるが、ほとんどは石畳が敷かれているだけで（コンクリートで舗装されているところもある）ほかには何もない。また、どの町でも、中心部にある教会や町庁舎に面して作られている広場が最も大きく重視もされているが、広場はほかにも何か所かあり、どれも、町の人々がやってきてはおしゃべりなどをしながら暇をつぶす場所として活用されている。

それゆえ周囲には、さまざまな店や、バールと呼ばれるイタリア式の喫茶店なども集まっている。とくにバールは、イタリアの広場には欠かせない。

バール（bar）とは、店の外に若干のテーブル席はあるものの中はカウンターだけの喫茶店である。アルコール類も置いているが、エスプレッソ・コーヒーやカプチーノなどのコーヒー類が主流で、店によってはアイスクリーム、クロワッサンのようなパン類、サンドウィッチなども提供している。しかし、ロッカの多くのバール、とくに城壁内にある昔ながらのバールは、基本的に飲み物だけであり、せいぜい午前中に簡単なサンドウィッチなどをおいている程度だった。イタリアでは、出勤前に朝食を十分に食べる習慣はあまりなく、午前中、仕事の途中でバールに出かけて、休憩がてら朝食をとる者も少なくないからである。

とはいえバールは、基本的にはカウンターだけなので、簡単な食事をとる際にも立食であり、客の飲食時間はごくわずかである。バールの定番であるエスプレッソなら、注文してから飲み干すまで数分とかからない。飲んだあとは、すぐに立ち去る者もいるが、時間があれば、バールにある新聞に目をとおしたり、マスターと話をしたり、または外に出て知り合いが通り過ぎるのを見ていたりする。彼らは、仕事の合間も含めて、外に出ると必ずやバールに立ち寄る。一日数回どこかのバールに入るという者も多い。

こうして広場には、教会、役所、店などを訪れる人も含めて、昼間から多くの人々がさまざまな用事で、あるいは用事がなくとも行きかっている。高齢者など、とくに仕事をもたない人は、午前中から広場に出て、手持ち無沙汰気に行きかう人を眺めていることも多い。そして夕方になると、仕事を終えて帰宅した者たちも姿を現し、広場は活気づく。彼らはバールに寄ったり、立ち話をしたり、さらに夜が近づくと近くの居酒屋に入ったりして、広場を中心とする戸外で夜中まで過ごしている。こうした状況から、イタリアは、家は小さいが世界最大の広間をもっている、といわれることもある。「最大の広間」とは、もちろん広場のことである。町中の人々が、この街中にポカリと空いた空間に集まってきておしゃべりをしたりしている様子は、たしかにそう見えるかもしれない。

男性の空間としての広場

さてロッカでも、同様の光景が展開されていた。ロッカの場合、いくつかの理由が重なって、こうした交友の場として最も使われていた広場は、教会や町役場前の広場（それはアンナの家が面している広場でもあった）ではなく、そこから少々離れたところに位置していたが、やはりそこにも二つのバールがあり、周囲には店も集中していた。

このため私も、買い物や誰かとの待ち合わせだけでなく、人々の世間話に加わろうと思ったときは、この広場に出かけた。ほぼ毎日この広場に顔を出していたといっても良い。当時の私にとって、外に出るとは、この広場に出ることと同義であった。ところが、先に述べたように、外出するたび、次第に人々の視線に違和感を覚えるようになったのである。

写真19　ロッカの広場。城壁の外に住む男性たちは車で広場に来ることも多かった。このため、広場は駐車場にもなっていた。午後になると男性たちが集まってきて、自動車によりかかったりしながらおしゃべりに興じていた。1986年10月。

写真20　広場のバール前。バールの中はたいていカウンターだけだが、外には椅子がテーブルが置いてあるところも多く、広場にやってきた男性たちのたまり場になっている。1986年10月。

写真21　城門近くのバールのマスター。コーヒー類だけでなく、さまざまな種類のアルコールも提供している。男性たちはバールにやってくるとマスターと必ず言葉をかわす。ゆえにマスターは町で一番の情報通ともいわれる。2013年10月。

写真22　居酒屋で談笑する男性たち。男性たちは帰宅すると広場に出かけ、その後友人・知人たちと広場の裏手あたりにある居酒屋で過ごす。その際、祭りなどの相談事なども行われる。壁に貼られているポスターは、祭りの告知。1986年２月。

広場では、たしかに女性たちの姿も多く見かけた。彼女たちは、買い物などで広場を行きかっているし、バールも利用していた。また、日曜日になると、その姿はさらに増えた。日曜日の広場は、いわば男女が混在した社交の空間となり、平日以上に着飾った人々が家族連れでやってきて立ち話に興じていた。

ただし、週日の広場の様子をよく見ると、女性たちはそれほど長い時間を広場で過ごしているわけではなかった。あくまでも買い物等、何らかの用事のついででしかなかった。一方、男性たちはといえば、何の用事もなく、いわば暇つぶしのためにも広場に出かけてくるため、たいていは長居をしていた。バールでも、その中や入口付近でたまっているのは、ほぼ男性だけだった。女性が、広場で友人知人とのんびりしている姿を見かけることはなかった。

町の人々によると、ロッカでも、数十年ほど前までは女性たちはバールに足を踏み入れることはなかったという。戦後しばらくまでは、外を一人で歩くことすらなかったと話す者もいた。私がロッカに滞在していた時期は、そうした習慣はなくなっており、男女の分離の原則が緩和されていたことは間違いない。しかし、日常的な交友の場という意味では、広場はまだ基本的には「男性たちの広間」だったのであり、それゆえ、私は（知らなかったとはいえ）その中に一人混じり込んだ女性として、「恥知らず vergognosa」という評価を受けざるをえなかったのである。

写真23　ロッカの周囲に広がる低地の湿地帯に自生するスイセン。毎年５月初旬には花が咲き、一面花畑になった。奥に見えるのはロッカの町。ただし現在は、環境の変化ゆえか湿地帯が減少し、スイセンも激減したため、こうした光景はもはや見られない。1986年５月。

転機としてのスイセン祭り

したがってこの時期、私の最大の懸案は、この悪評をどう挽回していけばいいのか、であった。これは、女性たちとどう関係を深めていけばいいのか、という問題でもあったが、一度ついた評判はそう簡単には払しょくできず、相変わらず彼女たちの会話に気軽に加わることはできなかった。

ただし、ちょうどそのころロッカでは、毎年五月半ばに行われるスイセン祭りが近づいていた。これは、先にも若干触れたように、ロッカの低地の湿地帯に自生するスイセンを用いた花祭りである。その低地で摘みとったスイセンを、城壁内のチェントロを中心に、町の広場や通りに意匠をこらして飾りつけるというもの

写真24　祭りの飾りつけ用のスイセンを摘むのは、主に女性や子供たちである。祭りの数日前から、彼女たちは連れだって摘みに出かける。おしゃべりをしたり歌を歌ったりと、半分ピクニック気分であり、この数日間が祭りの中で最も楽しいと語る人も多い。1986年５月。

だが、その飾りつけは、リオーネと呼ばれる地区ごとに行われ、互いに競われることになっていた（ただし現在では、野生種の保護のため、飾りつけはごくわずかになり、コンテストもなくなっている）。このためスイセン祭りは、聖アントニオ祭とは違って、地区といういわば近隣関係が主体となり、そのせいもあって、女性たちも積極的に加わっていた。

ところで、その準備がそろそろ始まるという時期、私が住んでいた地区（つまりアンナの家のある地区）の祭りの世話役が、突然訪ねてきた。彼は、私が広場で知り合いになった男性の一人だったが、私に、このコンテストの飾りつけデザイン用に日本的な風景か建物の絵を描いてくれないかと依頼してきた。実は、その

写真25　スイセン祭り。私が住んでいた地区ではこの年、私の下絵をもとに日本の風景を模した飾りつけを行った。飾りつけは、木材で建物などの枠組みを作り、そこにネットを張ってスイセンの花を挿したり括りつけたりして完成させた。私は彼らの依頼もあって、着物を着て日本風の演出に一役買った。1986年５月。

ころこの地区は何度も優勝を逃していた。町の最も中心に位置するこの地区としては、今度こそ優勝したい、そのためにはどこにも負けない飾りつけが必要だからアンナのところにいる日本人を利用しよう、ということになったらしい。

もちろん私は快く引き受け、以降、約一ヶ月間、私は彼らといっしょに準備を進めることになった。そして最終的に、アンナの家の前の広場に、五重の塔と太鼓橋などを模した木組みを作り、そこにスイセンを飾りつけるという作品を作り上げ、念願の優勝を手にすることができた。ただし私個人にとっては、この祭りをとおして女性たちとの接触が増えたことが最大の成果だった。

たしかに最初のうちは、世話役をはじ

めとする男性たちと話をすることが多かった。しかし、この祭りは近隣関係を基盤とするものであり、男性たちも女性や家族とともに行動していた。祭りの打ち合わせもたいていは、世話役や近所の家で行われた。このため、それまで深く知る機会のなかった近隣関係の世界に少しずつ入り込むことができるようになった。

そして祭りの一週間ほど前から始まったスイセン採りには、私もこの地区の女性たちと加わり、ほぼ一日中彼女たちと過ごすことになった。スイセンを摘んだり飾りつけたりする仕事は、主に女性と子どもたちの担当だった。それを機に彼女たちとの会話の量が増え、この時期、一気に、この地区だけでなく他地区の女性たちからも気軽に声をかけられるようになったことを覚えている。実際、先章でも述べたが、アンナが私を日曜日の食卓に招いてくれるようなったのもこのころである。彼女も、こうした女性たちから私の話を聞くようになっていたのかもしれない。いずれにせよ、このスイセン祭りは、ロッカにおける私の人間関係、中でも女性たちとの関係が、新たな段階に入る重要な転機となったのである。

では、こうして女性たちとの関係がようやく深まってくると、彼女たちの生活の何が見えてきたのだろうか。

イタリアの女性観にかんする研究

このころ、広場が男性たちの空間だったことに気づいたことは先に述べたが、実は、そのことから私はやはり女性たちの活動領域は、家の中やせいぜいその周囲に限定され、公の事柄にはあまり関与していないのではないかとも疑うようになっていた。

一般的に、イタリアの社会は男尊女卑的であり、男女の役割分担がきわめて固定的であるといわれることが多い。現在でもイタリアは、ほかのヨーロッパ諸国に比べると女性の社会進出が遅れていることは、報道等から知っている人も多いだろう。日本の女性就労率の低さ等が指摘される際、類似の傾向をもつ国としてイタリアやほかの南ヨーロッパの国々があげられることは少なくない。

人類学的な研究においても、イタリアでは男女の空間的な分離が厳しく、そのことが男女の役割分担だけでなく優劣関係にも結びついていると考えられてきた。中でも、彼らの「名誉」という考え方が、そうした男尊女卑的な社会のあり方を最も端的に示しているという議論がある。

「名誉」とは、イタリア社会にとって（だけでなく地中海地域の社会全般にとっても）重要な規範の一つといわれるものである。人々は、自分の振る舞いが「名誉」を傷つけるものにならないよう常に気をつけているという。そしてそれが、女性の貞操にも強く結びついていることは、早くから多くの研究者の関心を引いていた。女性の貞操が汚されることは、彼女の身内の男性の「名誉」を汚すことを意味するため、男性は自分の「名誉」を守るために女性の行動を監視・庇護しなければならないという考え方である。そして女性自身もそうした自分の弱点を自覚し、自分だけでなく身内の「名誉」を傷つけぬよう、なるべく身内以外の男性の目に触れず家の中にいるべきであるとされていた。このため、とくに未婚の女性には厳しい行動制限が課せられ、かつては女性たちが同伴なし

写真26　6月ごろに行われる聖体祭（移動祝祭日なので日付は確定せず）、ロッカでは宗教行列が行われるが、その際通過地点となる街角の複数のマリア像は花などで飾られ、その前に祭壇が置かれる。1987年6月。

に外出することが難しかったことはすでに述べた通りである。こうした「名誉」の規範が、イタリアの男女の分離や男性による女性の支配・庇護というジェンダー観の基盤をなしていると論じられてきたのである。

また、聖母マリア信仰も、同様の女性観に強い影響を与えているといわれてきた。

周知の通り、聖母マリアは、処女にして母であるという存在であり、その信仰は現在でもイタリア社会に深く根づいている。ロッカでも聖母マリアの像や絵は、町の中や家の中のあちこちで目にすることができた。一年をとおしても、聖母被昇天の日（八月十五日）や、無原罪のマリアの日（十二月八日）など、聖母にまつわる日には祭りが行われ、聖母の月とされる五月には、街角のマリア像の前でロザリオの祈りがささげられていた。日本ではよく知られていないかもしれないが、ロザリオとはそもそも聖母マリアへの祈りであるアヴェ・マリアを唱える際に使われる道具である。若い人でも身に着けたりもっていたりする人は、今でも少なくない。また、聖母マリアが出現したという話（世界的に有名なものはルルドやファティマ）も多く、教会による正式な認定を受けていない場所も含めて、そうした顕現の地への巡礼・旅行は当時も人気だった。

とするならば、このように彼らの生活に深く浸透している聖母マリアが、彼らにとっては理想の女性像でもあると想像することはきわめて容易なことかもしれない。

はたして彼女たちは弱いのか

さて私は、ロッカの広場が想像以上に男性の空間とされていることが分かったとき、こうした従来のイタリア女性に対する議論は、まだ有効なのかもしれないと考えたのである。実際、当時ロッカでは、未婚・既婚をとわず勤めている女性は少なく、いわゆる女性の社会進出は進んでいないように見えた。女性が力をもっているように見える場合も、アンナの事例のように、「母」という役割に基づいた、あくまでも家庭内での力に拠るものだろうと思った。やはりイタリアでは、女性は家庭内の存在でしかない、という考え方である。

しかしその一方で、ロッカの女性たちを男性の支配下にあるといい切ってしまって良いのかという疑問も、当初から小さくはなかった。

たとえばアンナは、彼女の家族の中だけでなく、町の中でも一目置かれている存在だった。もちろんその評価も、彼女の弟が町長を務めていたことや、夫がロッカで有数の牧夫であったという、彼女の家族関係に由来していると見ることもできる。しかし町の人々は、彼女の弟が町長になったのはアンナの力があったからこそであり、夫にいたってはアンナがいなければ、あまりにも「お人好し」で政治的な力はなかったろうと噂していた。また、ほかの女性たちにも、町の中で影響力が大きいと目されている者はいたし、家庭内の関係に目を転じれば、いわば「カカア天下」の家庭は非常に多かった。少なくとも日本の女性たちに比べると、総じて男性たちからは自立している印象を受けた。

また、イタリア映画が好きだった私としては、そもそもイタリア女性といえば、（少々古いかもしれないが）ソフィア・ローレンやシルヴァーナ・マンガーノなどの女優に代表されるように、やはり、強くて逞しいというイメージをもっていた。もちろん映画のイメージがそのまま当てはまるとは考えていなかった。しかし、ロッカの女性たちの振る舞いについても、そのイメージに通ずるような強さを感ずることはしばしばあった。

とするならば、こうしたイタリア女性に私が感じた逞しさとは、どういうことなのだろうか。それは私のたんなる印象、もしくは偏見なのか（実は、イタリア女性の強さとは、近代西洋の側がイタリアを文明的というよりは自然や本能に近いとみなすことによって作られたものという見方もある）、あるいは、その逞しさは「マンマミーア」という言葉があるように、すべて母であることに由来するのか、それとも、その強さの源は別にもあるのか——その答えが少しずつ明らかになったのは、スイセン祭りの前後から、女性たちと時間をともにすることが多くなり、それをとおして、女性もまた男性と同じく、家の外での生活を享受していることが分かってきてからである。

女性たちの路地空間

まずロッカの女性たちの一日の様子を見てみると、午前中は、外で仕事をしていなければ（ここでは専業主婦をモデルにしていく）、家事で忙しく過ごしていた。イタリアでは一般的に職場と住居はとても近い（というより、家の近くで職を探す傾向が強い）。ロッカも同様であり、ゆえに仕事をしている者も、多くは家に戻って昼食をとっていた。子どもたちも、当時はまだ給食が整っておらず、学校から帰って家で食べていた。したがって、昼食には家族全員が集まることが少なくなく、その準備には手間がかかる。女性たちは午前中、そうした昼食の準備に加えて、買い物、掃除、洗濯などに追われ、家の中やその周囲で過ごすことが普通だった。

しかし午後、昼食の後片付けが終わり、比較的暇な時間がもてるようになると、女性たちも、積極的に家の外に出ていた。ただし、その舞台は広場ではなく、路地である。

ロッカの町の、とくに城壁内のチェントロ地区では、三〜四階の石造りのアパートメントが壁を接しながら立ち並び、その間を狭い路地が縫うように走っている。その路地は迷路のように曲がりくねっているが、ところどころに少し広がった空間がある。女性たちは、天気が良ければそんな場

写真28　土地が狭いチェントロ地区では、路地は狭隘で、家々は互いにきわめて隣接している。写真は、短い行き止まりの路地。ここに４家族の出入り口があり、奥の外階段が、この周囲の女性たちのたまり場になっている。2013年10月。

写真27　ロッカの路地の風景。丘の上なので路地は曲りくねっているだけでなくアップダウンも多い。家々もその複雑な地形を利用して建てられ、外階段の設置などの工夫がされている。この外階段は女性たちのたまり場としても利用されている。1987年10月。

所に椅子をもち出してきたり、あるいは、アパートメントの入口の階段部分に腰を掛けたりして、おしゃべりをすることを日課としていた。中には、編み物や刺繍、豆剥きなどの手仕事をしたり、幼児を遊ばせたりしながらの者もいたが、路地のあちこちでは、午後になるとこうした数人の女性たちの集まりが見られるようになるのである。

また、女性たちの集まりは路地だけでなく、アンナの例のように台所になることも多かった。天気が悪いときはもちろんだが、路地で皆で話をしているときも、そのうちの誰かが自分の家で

写真29　ロッカでは女性たちも外に出ておしゃべりをしている。あまり外出をしないアンナも、天気が良い日には時々外に出て、隣の家の玄関先で、その家の高齢女性とおしゃべりをすることがあった。左の建物がアンナの家。1987年10月。

コーヒーを飲まないかと誘って、台所に移動することもよくあった。その意味では、台所は路地の延長線上でもあった。

そして、こうした女性たちの午後の外出は、ただ、ある特定の路地に出たり、ある特定の友人・知人を訪問したりするだけでなく、町のあちこちの路地を歩き回っていると表現したほうが正しいことも付け加えておこう。

たしかに外出する際、女性たちには、どこかの路地（たいていは近所だが）や、誰かの家に行くという当てはある。高齢女性たちは、教会裏手にある墓地に日参する者も少なくなかった。しかし、彼女たちはその途中で、別の路地の集団と出会って話し込んだり、ばったり会った知り合いと道端で立ち話をしたりしていた。墓地で久しぶり

写真30　台所でおしゃべりをする女性たち。この家の台所にも薪ストーブが置かれており、遊びに来た女性たちはこのストーブの周りでおしゃべりする。壁には、よく見るとイエスやマリアのカードや小さな護符などが張られている。1987年10月。

写真31　ロッカでは墓地は、教会から少し離れたところにある。墓石には故人の写真がはめ込まれている。午後になると、高齢の女性たちが散歩もかねてよく訪れる。そのためもあって常に掃除され花も途切れることはない。2003年11月。

に会った友人知人の家（事実上は台所だが）に呼ばれることもあったし、歩いていると、家の窓から外を見ていた女性から声をかけられ、家に寄っていくように誘われることも多かった。いつも窓際に座って外を眺めていたアンナも、ときおりそうして知り合いを呼び込んで、コーヒーを出しながら旧交を温めていた。

たしかに女性たちの路地や台所での集まりは、多くとも五・六人であり、広場に集まる男性たちに比べると一つひとつの規模は小さい。しかし彼女たちは、路地を渡り歩くことによって、実際には町のほかの女性たちとも直接的・間接的に結びついており、その点では、町中の男性たちが広場に集まって交流をしている様子とよく似ている。女性たちも、男性たち同様、家の外で広く友人知人たちと広く交流するという生活を享受していたのである。

小遣い稼ぎをする女性たち

ところで、このように路地が女性たちの空間であることは、これまでの研究でも指摘されていた。私もそのことは知ってはいたし、ロッカでもそうした女性たちの集まりがあることには早々に気づいていた。ただし、路地が家の空間に隣り合っていたこともあって、この集まりはせいぜい女性の家内役割の延長であり、むしろ、女性の生活圏が家内的・私的な領域に限定されていることの証拠とも考えられてきた。私も当初はそう思っていた。しかし、そこでの彼女たちの行動は、よく見ると「家内的」という言葉では表現できないものだった。

たとえば、彼女たちはそこで、調味料の貸し借りや、留守の間に子どもの面倒をみるなどの助け合いを頻繁にしていた。それは日常的で些細なものだが、その協力関係は非常に強いように思われた。そして、こうした場で彼女たちが最も楽しんでいたのは、おしゃべりである。話題の大半は、町の住民たちの噂話だが、もう一つの大きな関心が、小遣い稼ぎにつながる情報であった。そもそもおしゃべりには、ただの楽しい暇つぶしだけでなく、自分の利益になる情報を収集したり操作したりする意味があることもいうまでもない。

実は、ロッカの女性たちは、専業主婦であっても、家事の傍ら簡単な仕事をして臨時収入を得ている者は少なくなかった。アンナが裁縫の技術を用いて小遣い稼ぎをしていたことはすでに述べたが、ほかの女性たちも、勤めている女性に頼まれて買い物や昼食の下ごしらえをしたり、一人暮らしの高齢者のために家事手伝いをしたり、さまざまな仕事をしていた。ブドウやオリーブの収穫時には、短期間、臨時の仕事をする女性たちもいたし、自分の畑で作った野菜、ワイン、オリーブ油などを、ツテを通じて売っている者もいた。事務所などの清掃を引き受ける者もいた。

たとえば、アンナの近所に住んでいたエレナという女性を見てみよう。彼女は当時四十歳、既婚で二人の子どもをもつ、いわゆる専業主婦だった。ほかの女性たちと同様、毎日、家事で忙しくしていたが、午後になると彼女の家の前の路地に顔を出す常連の一人でもあった。スイセン祭りでも、この地区の女性たちのまとめ役として活躍していた。

ただし彼女は、そうした合間に数多くの小遣い稼ぎをしており、町でも「働き者」として知られる人物だった。たとえば午前中は、向かいの家に住む女性が働きに出ている間、幼い子どもを預かり昼食の下準備を引き受けていた。また、ある高齢女性の代わりに毎朝鶏の世話をしたり、冬場は暖炉用の薪を準備したり、寒さが厳しくなってローマの別邸に移ってしまう間は家の管理もしていた。ほかにも臨時の仕事をよく引き受けており、忙しくなると、家事は娘に任せてこうした仕事にかかりきりになることもあった。

そしてさらに興味深かったのは、彼女がこうして得た収入を基本的に自分のものとみなして、自由に使っていたことである。もちろん、いわゆる家計の足しとしていた部分もある。とくに娘の結婚資金という意味合いは大きかった。しかしその大半は、私が調査に入る一年ほど前、長年の念願だった、自宅階下のガレージの購入に充てられた。そのとき夫には一切相談しなかったという。その後も、このガレージの修繕にかかる費用はほぼエレナが支出し、最終的には小さなアパートメントに改造した。もちろん、これは彼女の不動産である。

こうしてみると、エレナの生活を家庭内に限定されているとみなすことはとてもできないだろう。彼女は家の外でも広い交友関係をもっているとともに、たしかに夫のそれに比べれば低いものの、独立した収入もある。そして何よりも、その収入を主体的・自律的に使用している様子は、私の目には非常に新鮮に映った。ある日の午後、路地にいたエレナに、なぜ事前に夫にガレージ購入の相談をして承諾をもらわなかったのかと尋ねたことがある。すると、逆に彼女から「私の稼いだ金は私のものだから、なぜ夫に相談する必要があるのか。日本ではそうなのか」と不思議そうに問い直された。その場にいた女性たちも、そのエレナの返答に頷いていたことを今も印象深く思い出す。

私の側のジェンダー・バイアス

こうして私は、イタリアの女性にかんする見方を根本的に変えなければならないと痛感するようになった。

たしかに男女の空間分離は、男性は広場、女性は路地という具合に存在しており、それは、むしろ私が想像していた以上だった。女性は広場では長居をしないようにしていたし、男性たちも路地では立ち止まって話し込むことはなかった。しかし、それを単純に公と私の分離として捉え、さらには男女の優劣関係に結びつけてしまうことは早急であるように思えてきた。

実際、彼女たちは、職をもたない専業主婦であっても総じて労働意欲は高く、少額でも臨時収入を得ようとしていた。女性たちが職に就いていなかったのは、性別分業意識の問題以上に、そもそもイタリアでは職自体が少なく、女性も男性も失業状態の者が多いことや、日本と違ってパートなどの働き方がほとんどないなどの経済構造上の要因が大きく関与している。さらに彼女たちは、収入の多寡にかかわらず、夫をはじめとする男性との関係において自分たちをけっして養われている存在とはみなしておらず、主体的・自律的に振る舞っていた。私は、これが、彼女たちに私が感じていた強さではないだろうか、と考えるようになり、この経験から、ジェンダーという問題に、イタリアにかんしてのみならず一般的な問題としても本格的に取り組み始めるようになったのである。

これまでも述べたように、私はフィールドワークに入る前は、この問題にことさら注目しようとは思っていなかった。もちろん、その当時一九八〇年代半ばには日本にもジェンダーという語が入り始めていた。女性人類学（そのころはジェンダーよりも女性という語が付けられていた）という名を冠した書籍や論文なども出始めており、私もそのくらいの知識はもっていた。

しかし当時の私の関心は、イタリア社会の「無道徳」といわれる側面、つまりイタリア人の操作的ともいわれるパーソナルでインフォーマルな人間関係のあり方、付き合いの仕方についてだった。ロッカに調査に入るや否や聖アントニオ祭の関係者に積極的に関わったのは、そこでは、そうした関係が展開されているだろうと期待したからである。ただし、この姿勢自体が、実は、きわめて典型的なジェンダー問題であったことにも、私はフィールドで次第に気づくようになった。

そもそもこの当初の関心は、いわば人々の政治的な動き、つまり公・私の区分によれば公的な領域に属するものであった。もちろん、そのこと自体には問題はない。しかし、私がこの側面を研究テーマとして取り上げようとした背後には、正直、それが家族などの私的な問題よりも「格」が上であるような思いがなかったとはいえない。せっかく研究をするのなら、私的な問題よりも公的な問題に取り組んだほうが研究としてふさわしいと、私はなんとなく考えていた。

そして、そうした公的な関係の担い手は、たいていは男性とみなされ、私もそう考えていたから、まず男性たちとの付き合いから始めることにしたのである。つまり私には、公的・政治的な人間関係を、私的で家内的な領域よりも優位とみなすとともに、それを男性／女性という分離と序列にも結びつけるという先入観が、間違いなくあったのである。

ジェンダー観の見直しという課題

この先入観が、いわゆる男性中心主義的な視点によるものであることは論を待たないだろう。女性が、人類学者からだけでなく、その社会の男性たちからも、そして女性自身からも、とるに足らない存在とみなされ、何重にも「沈黙」させられ「不可視化」されてきたことは、ジェンダー人類学が始まるや否やすぐに指摘された点である。人類学者が女性である場合も、そうした見方を内面化しており、現地の女性たちもまた同様であった。ロッカでも、とくにフォーマルな質問を女性たちにすると、自分たち女性にはよく分からないので男性たちに聞いてくれと返答されることが多かった。そうして私も、女性が「沈黙させられ」「不可視化されて」きた状況を当然のごとく受け入れてしまい、そこからなかなか脱することができていなかったのである。

またそこには、もう一つ、西洋的なジェンダー観の偏重、という問題もあった。

一九七〇年代、ジェンダー人類学の初期、女性の地位の低さは、女性が家内領域の役割に限定されていることに由来するという議論が一世を風靡した。それは、ほとんどの社会文化において、公私の領域はそれぞれ男性と女性に割り当てられ、そのことが、女性の地位の低さの原因となっているというものだった。しかも、そうした女性の地位の低さは、女性の家内役割が妊娠・出産という女性の普遍的な能力に由来しているためだとも主張されていた。

しかしこの主張は、今ではあまりにも西洋中心主義的であると批判され、大きく修正されている。男女の役割を二項対立的に公私に振り分けるというジェンダー観は、けっして普遍的ではなく、それぞれの文化社会のジェンダーはもっと多様で複雑であることが分かってきたからである。またその一方で、二項対立的なジェンダー観は、むしろ近代化とともに強化されてきたことも明らかになってきた。女性はたしかに男性に比べれば家の中にいることは多いが、以前は、家の外でも畑仕事などのさまざまな仕事を行っていた。しかし近代以降、生殖や子どもに対する社会的関心が強まり、女性の出産や育児役割が高く評価されるようになってくると、彼女たちは育児や家事により多くの時間を割き、ほかの仕事からは撤退するようになった。こうして男はソト、女はウチという性による分業が、ますます明確に二分化し固定化していくようになったのである。

にもかかわらず、初期のジェンダー人類学者の多くは、女性問題に目覚めたとはいえ、自分たち西洋社会が抱えていたこうしたジェンダー観を、早急にほかの社会文化にも適用してしまった嫌いもあった。そして私も、近代化された生活様式の中で育ち、こうしたジェンダー観になじんできたため、最初にロッカの人々の生活圏に男女の分離があることが分かったとき、それを公私の分離とみなし、それゆえ、男女の力関係にも大きな格差があるだろうと考えてしまったのである。しかしその想定が誤りであったことはすでに述べた通りである。ロッカにおける男女の分離は、そのまま公私の分離に重ね合わせることはできず、女性も家の外でさまざまな活動をしており、男性に庇護されるだけの存在ではなかった。

このことは、私の側のジェンダー観こそ、あまりにも二項対立的で西洋的であったことを示すものだった。実際、私が当初、ジェンダー人類学にそれほど興味を示さなかった理由も、まさにそこにある。女性である私自身が、女性たちに関わる問題を、些細なこととみなしていたのである。そしてさらには、イタリアは「先進国」とはいいがたいのだから、女性たちが置かれている状況は日本の私たち以上に差別的だったとしても不思議ではないという、きわめて近代西洋中心主義的な偏見があったことも告白しておこう。たとえば、ロッカに男女の空間的な分離が根強く残っていることが分かったとき、やはりイタリアにはいまだに「名誉」の考え方が残っているのだと思い込んでいた時期もあった。「後進的」なイタリア社会であれば、さもありなんと考えてしまったのである。

こうして私は、ロッカの女性たちやジェンダーにかんする考察だけでなく、自分のジェンダー観にも問題があることをようやく意識化し、そうした自分に対する批判としても、ジェンダー人類学へと踏み出していったのである。

もう一つの問い、もう一つの経験

とはいえその一方で、どうしても気になっていたことがあった。彼らの生活における男女の分離が、私が想像していたような公私の分離でないなら、それは何を意味するのか、という問題である。

ここで念のために付け加えておくと、彼らの生活に性別役割分担が見られなかったわけではない。たしかに家事や育児は、女性の仕事とされる傾向はあった。しかしながら男性たちも、家の修繕などの力仕事をはじめ、家の仕事には携わっており、育児なども手伝っていた。一方、女性たちも、料理や家事をしないと（あるいは下手だと）女性らしくないなどといわれることはなく、家内的な役割と女性性との結びつきは弱いように見受けられた。そして、家内的といわれがちな女性たちも、男性たち同様に、家の外で活発な社会関係を展開し、さまざまな活動をしていたことは何度も繰返してきた通りである。したがって、やはり男女の別をそのまま、（少なくとも私たちが想像するような）公私の区分に当てはめることについては再考していく必要があるわけだが、では、とするならば、この厳しいともいえる男女の分離とは何なのかという問いが、私の頭の中に付きまとうようになった。

そしてそんな中、ある経験から、男女の分離とは、男女それぞれに役割があるということを意味するものではなく、男女の関係のあり方、つまり男女の間にいわば緊張関係があるということの象徴なのではないかという考えが生まれるようになってきた。それはジェンダーというよりも、セクシュアリティという言葉で言い換えたほうが分かりやすい問題でもある。

私はフィールドワークの当初、広場に出ている「恥知らず」な女性として噂を立てられていたことはすでに述べた。しかしながらスイセン祭りを転機として、女性たちと過ごす時間が増え、その評判は少しずつ変化していったことも紹介した。町の男性たちからは、このごろめっきり外出しなくなった、といわれるようにもなった。

とはいえ、調査にとっては男性たちとの付き合いも重要だったため、そのバランスを取りながら生活をしていくうち、彼らも私の存在に慣れたのか、どちらにいてもそれほど問題視されなくなっていった。あるいは、子どもは男女の領域どちらにも入り込める存在であったため、私も子ども扱いされていたのかもしれない。実際、路地を歩いていると、あまりよく知らない女性に「日本人（giapponese）！」と窓から呼びかけられ、夫がバールにいるので呼んできてくれと頼まれたことが何度かあった。ロッカの子どもたちは町中を歩き回って遊んでいると、しばしば周囲の大人たちからこうしたお使いを頼まれていた。とくに女性たちは、男性の空間であるバールや広場には自分ではあまり行きたがらず、近所で見かけた子どもたちにメッセージをもたせることが多かった。もちろん携帯電話はない時代である。私も次第に、そうした位置づけになっていたのだろう。

しかしそのうち、私をめぐって別の噂がもち上がっていたことに気づき始めた。それは、私がなぜいつも一人でいるのか、というものだった。この場合の「一人」とは、恋人がいないという意味である。私に付き合っている人物がいないらしいことが話題になっていたのだ。

そして調査を始めてから一年ほどたったある日、バールで男性たちと世間話をしていたとき、そのうちの一人が少々真剣な顔つきになって、私に聞きたいことがあると、切り出した。「気を悪くしないでほしいんだが」と前置きしながら彼が投げかけたのは、「おまえは女が好きなのか」という問いだった。

「おまえは女が好きなのか」

　さて、この問いに私が面食らったことは、想像に難くないだろう。質問をした男性も、その私の表情に気づいたのか、私が口を開こうとする前から、「いや、おまえをレズビアンだといっているわけではないんだ。世の中にはそういうことだってあるだろうし」と、奇妙な言い訳までしてきた。そして私が否定すると、「でも、おまえはいつも一人でいる。男が好きでないなら、女が好きなんだろう。それはそれで別におかしなことではないよ」とも付け加えた。そばにいたほかの男性たちもまじめな面持ちで肯いたが、そのうちの一人が「俺には残念なことだけど、な」とつぶやいて笑いを誘い、なんとなくこの話はお開きになった。しかし、この経験は私に強い印象を残した。

　実は、ロッカでフィールドワークを開始するや否や、私は町の男性たちから頻繁にデート等の誘いを受けていた。そもそも、外国人、独身などという条件が重なったせいか、私は彼らの大きな関心の対象になっていた。イタリア男性は女好きだからさもありなんとは思ったが、想像以上だった。とくにはじめのころは、私が男性たちの空間にためらいもなく入り込んでいる様子を見て、いわば「街娼」とみなした男性も少なからずいた。「いくら？」という声をかけられたこともあり、そのときはさすがにショックだった。

　その後、こうした「恥知らず」という私の評判が薄れていくにともなって、露骨な誘いはほとんどなくなったが、今度は、もう少し正式な交際の申し込みや、さらには結婚の申し込みもされるようになってきた。私より年下の十八歳の男性からドライブ中に結婚の話をされたり、聖アントニオ祭以来親しくしていた男性から急に呼び出され、彼の知り合いの男性（六十五歳）がおまえと結婚したがっているので返事が欲しいといわれたこともあった。また、既婚男性たちからの誘いも、より密かに行われるようになっただけで、その数が減少したわけではなかった。依然として彼らの関心の対象であることに変わりなかったといえる。

しかし私のほうはといえば、そうした誘いは、たいてい煙に巻いてやんわり拒絶していた。場合に応じて一度や二度の食事やドライブなどには付き合ったものの、それ以上に発展することはほぼなかった。それは一つには、私が少なくとも自分の意識のうえでは、調査者であったことによる。自分にとってはロッカの調査が最優先事項だったし、もちろん彼らの恋愛事情についても「参与観察」をしてみたいという好奇心もあったが、そうした「下心」で付き合うには抵抗があった（というより、そうした付き合いができるほどの余裕がなかったといったほうが良いかもしれない）。また、実はまったく付き合いがなかったわけではないのだが、その際、往々にして相手がかなりの時間を一緒に過ごすことを要求し、私の行動に制限がかかる等の支障が出てきたため、面倒なことになる前に、と、別れたこともあった。なお、こうした人類学者の恋愛事情は、ただ興味深いだけでなく、議論すべき課題の一つだが、個人的な事情がいろいろ絡んでいるため、残念ながら本書ではこれ以上触れないこととする。

いずれにせよ、こうした振る舞いをしていた私は、ロッカの人々から見ると、いつも一人でいるように見えたのだろう。男性たちがいろいろとアプローチをしかけてくるだけでなく、女性たちも、なぜ結婚しないのか、気に入った男性はいないのかと頻繁に私に質問したり、さまざまな男性を紹介しようとした。面白半分だったことも多いと思うが、私に誰かが近づいているという噂が広がると、その人についての評判を私の耳に入れて後押ししたり、逆に警告したりすることもあった。少なくとも、私が誰と一緒にいるのか、その関係はどうなのかについては、男女をとわず大きな関心の的になっていたようである。

そして、にもかかわらず、いっこうに特定の相手を作ろうとしない私を見て、皆はさらに憶測をめぐらせ、その一つが、先の「おまえは女が好きなのか」という質問だったと考えられる。実は、この数日前、私はある男性からの求婚を断っていた。この男性は、聖アントニオ祭の実行メンバーの一人で、ロッカの男性たちの中でも「いい奴」としてよく知られていた。それゆえこの話は（もちろん二人だけの話だったにもかかわらず）町中にすぐに知れ渡り、その理由について彼らの間でさらなる議論が行われたのだろう、「ひょっとしたら、あの日本人は女が好きなのかもしれない。それなら仕方ない」と。

女性あるいは男性である、という自意識

こうしてみると、この問いは、私がレズビアンか否かを知りたいということではなく、とにかく誰かと付き合っていることを確認しようとするものであったことが浮かび上がってくる。質問者も「いや、レズビアンだといっているわけではない」と、弁解したのはそのせいである。同性愛に対

する偏見や差別はイタリアでもあり、レズビアンという言葉が侮蔑的に響くこともある。それゆえ彼は、私の驚く顔を見て、差別的な意味ではないことを明言したかったのだと考えられる。ただし、私のほうも実は、最初からそういうニュアンスは感じ取っていなかった。私の驚きとは、この問いの背後には、人は誰でも誰かと付き合っているはずだ、という前提があることに気づいたためであった。それが彼らにとってはごく当然のことであるため、この質問を私に直接するほどまでに私の行動の解釈に悩んでいたのか、ということに思い当たったのである。

もちろん、誰もが誰かと付き合っている、誰かを好きである、ということは、一般的に考えてもそれほど不思議なことではなく、ある意味、自然なことである。ゆえにこの私の「発見」は少々誇張が過ぎるといわれるかもしれない。また、イタリア人といえば、恋愛（アモーレ amore）という言葉を思い浮かべる人も多いように、人々の恋愛に対する関心は高く、ある種イタリアの文化にもなっているのだから、何を今さらという意見もあるだろう。

ただし私には、そうだとしても、この問題は、とくにジェンダーとの関わりの中で、もう少し真剣に考えていく必要があると思われた。というのも、女性であること、あるいは、男性であることとは、いわゆる性別役割分担の実践をとおしてだけでなく、それ以上に、誰かと付き合っている、誰かを好きであるという意識の中で浮かび上がり形成されていくのではないかと考えるようになったためである。そして、とするならば、戸外で生活空間が男女で峻別されていることも、この観点から考えられるのではないかと、思うようになった。

写真32　城壁の外の居住地には広場らしい広場はないが、店が立ち並ぶ場所にはバールができ、その周辺が広場化する。そしてそこでも、集まってくるのはやはり男性たちだけである。ここで女性が話し込むことはない。1987年4月。

実際、ロッカの生活空間における男女の分離とは、分離されていること自体に意味があるということもできる。人々の戸外での様子をよく見ると、男性も女性も、相手の空間にはなるべくとどまらないようにしていた。女性たちは買い物等で頻繁に広場に出かけるが、そこで会った人々と挨拶はするものの、立ち止まることはなかったし、男性たちも、路地で出会った女性たちと簡単なやり取りはするが、歩みを止めて話し込むことはほぼなかった。そして、そのどちらの場であっても男女が二人で、とくにあたりを憚るような感じで話し込んでいると、両者の老若をとわず噂話の対象になった。当初の私の広場での行動が、まさにそれだったことは、もはやいうまでもない。こうした男女の空間分離は、男女両者に強い緊張感をもたらしているように感じられた。

また、路地で女性たちと話をしていると、女性たちが、そこを通りかかった男性に、「愛人に会いに行くのか」などと性的なニュアンスのからかいの言葉を投げかける光景を何度か目にしたことも印象的だった。それまでの「名誉」論などをはじめとするイタリア研究では、イタリアの女性は性的な対象とされやすいがゆえに、家内に閉じ込められ、女性自らも貞淑に振る舞うよう自分の行動を制御しているといわれてきた。ロッカでもそうした側面がないわけではなく、たしかに広場ではそうだった。しかし路地で女性同士といるときには、彼女たちのおしゃべりには性的な話題がかなり含まれていたし、服装も露出の多いものが珍しくなかった。少なくとも私から見ると非常にセクシュアルで、彼女たちも自分の女性としての魅力を意識し、積極的に表出しているように見えたのである。このことも、私が彼女たちに感じた強さ、逞しさの一因だった。

とするならば、ロッカでは人々は暇さえあれば外に出かけ、友人・知人たちとさまざまな交流を行っているが、そこは同時に、セクシュアルな意味をもつ空間であるとみなすこともできる。もちろん、そこが男女の営みの場であるという意味ではない。逆に、両者は明確に分離され、接触は極力避けられている。しかしその忌避こそ、両者の間に強く引き合う関係があることを前提にしたものであると考えられる。人々は戸外にいることで、そのことを強く意識し、自らをその一方の存在として、すなわち、男性に対する女性、あるいは女性に対する男性という意味でのセクシュアルな存在として意識化し、そう作り上げているように見えるのである。それゆえ彼らは、私のこともそうしたセクシュアルな存在であるはずだと考え、あの問いを投げかけたのではないだろうか。

セクシュアリティ

ところで、セクシュアリティとは何だろうか。専門家以外にはあまり耳慣れた言葉ではないだろうし、この概念が女性であることや男性であることとどう関わるのか、ここで少々、一般的な議論にも触れておきたい。

女性や男性の研究というと、現在ではまず、ジェンダーという言葉が思い出される。女性は生まれながら女性なのではなく女性になるのだと、フランスの思想家ボーヴォワールがいったように、女性も男性も、各自が生まれ育った社会文化の中で、その社会文化が作り上げてきた女性らしさ、男性らしさを学び、身に着け、それぞれ女性・男性になっていく。そうした社会文化の中で作られる性のあり方は、一九七〇年代の第二波フェミニズムの中で、身体的な性であるセックスと区別してジェンダーという言葉で指摘され、その重要性が注目されるようになった。私たちの性のあり方は、身体的なものであるとともに、社会文化的なものでもある。

一方、セクシュアリティとは、日本語では性的指向と訳されることが多いが、いわば、誰かを性的に好きになる（指向する）という側面の性のあり方である。多くの場合、男性なら女性を好きになり、女性は男性を好きになる。すなわち異性愛である。しかしながら、近年では人口の七〜八パーセントが同性愛者であるといわれているように、世界的に見てもほかのセクシュアリティをもつ人は少なくなく、セクシュアリティという概念の重要性は、そうした同性愛者たちの運動をとおして関心を集めるようになってきた。ただし注意すべきは、セクシュアリティとは、けっして同性愛者や同性愛だけの問題ではないという点である。

そもそも私たちは、「男性なら女性を好きになるのが当然だ」と考えがちだが、むしろ、女性を好きになることによって男性らしくなるという側面もある。いわば色気づくと、自分が男性や女性であることを意識するようになり、男らしくまたは女らしくなるという具合である。それゆえ、同性愛者に対して、たとえば男性を好きになる男性については、真の男性ではないといういい方がされることもある。

つまりセクシュアリティとは、ただ異性愛か同性愛か、はたまた両性愛かという問題だけでなく、実は男性性や女性性とも密接な関わりをもっているのであり、したがって男性性や女性性の考察の際にも、考慮すべき重要な論点の一つなのである。

実際、ジェンダー研究も当初は、主に「男はソト、女はウチ」といわれる性別役割分担の問題に取り組んできたが、現在では、このセクシュアリティという視点を導入して議論を大きく進展させている。そもそも性別役割分担的なジェンダー観こそ、あまりにも異性愛を当然視し、さらにはその異性愛を子どもを作るという生殖の関係に重ねることによって、セクシュアリティそのものの問題を表面から隠してきたともいえる。つまり、男女はいずれもセクシュアルな存在であるにもかかわらず、それを産ませる性・産む性という言葉で置きかえることによって、セクシュアリティを不問に伏してきたわけである。しかしセクシュアリティと生殖の間には根本的なずれ・違いがあるはずであり、両者を同義とすることは、産ませる側すなわち男性側を中心とする視点でもある。このことは、女性がその妊娠・出産という生殖機能によってしばしば家内的な役割に閉じ込められていることを考えると、重要な視点である。そのため今では、ジェンダーという言葉そのものも、セクシュアリティやセックスの意味合いも含めて、さらに鍛え直されている。

こうした現状についてはここでは触れないが、セクシュアリティという問題は長い間、下世話で、しばしば研究にはふさわしくない課題とされ、せいぜい性的マイノリティの問題とみなされてきた。しかし、そうした扱い方自体が問題であり、そこに気づくことが、ジェンダー研究にとってもきわめて重要であったことだけは強調しておきたい。

隠されるセクシュアリティ

とはいえ、私がロッカで調査をしていた時期は、まだセクシュアリティという視点は普及しておらず、そもそも私がこの語に出会ったのは、調査を終えて帰国してからであった。しかし、それでも私が調査中、少しずつこの問題の所在に気づき始めたのは、やはり、セクシュアリティ（当時はまだこの言葉で認識していたわけではなかった）が、彼らの生活にとってきわめて重要な要素であることを、その生活をとおして実感するようになったからである。

たしかにイタリアでも、セクシュアリティはさまざまなかたちで規制され、隠すべきものとされている。そのため、表面からは見えにくい。にもかかわらず、すでに述べたように、そこに暮らしてみると、人々の生活のあちこちにそのサインが見てとれるし、セクシュアリティを規制する規範やイデオロギーも、むしろ、セクシュアリティに対する彼らの関心の高さとみなすこともできる。

たとえば、イタリアの男女の問題を語る際にはずすことのできない名誉論でも、基本的な前提となっているのは、男性および女性をセクシュアルな存在とする考え方であり、「名誉」は、それを男性側から見た場合の規範として読むことができる。つまり、男性から見れば、女性はセクシュアルなため潜在的にさまざまな男性との関係にさらされており、その行動次第では、夫や兄弟たちの男性としての名誉を傷つけるかもしれない存在である。したがって女性は家に閉じこもってそのセクシュアリティを隠すべきであり、男性も、自分の身内の女性を庇護しなければならないとされている。しかしその一方で、男性自身のセクシュアリティは推奨され、女性との付き合いの多い男性こそ男らしさが増すことになる。こうした考え方が、イタリア男性はプレイボーイだというステレオタイプにもつながっているという想像もできるだろう。

また、カトリックの教義では、裸であることを意識したアダムとイブが楽園を追放された物語に象徴されるように、セクシュアルな意識そのものが罪（「原罪」）とされ、その行為は、結婚した夫婦間の生殖の営みとしてのみ許容されている。これは一見、名誉論とは大きく違う考え方のようだが、セクシュアリティへの高い関心という点では変わらない。しかもそこでは、女性（イブ）がその罪の源泉とみなされ、それゆえその逆転として、純潔（セクシュアリティをもたない）でありながら母であるというマリアが、女性の理想像とされている。この女性像が、名誉論のそれと重なっていることも興味深い。先にも述べたように、彼らの生活におけるカトリック教の浸透具合を考えると、このイデオロギーの影響力もけっして小さくない。

ただし、そうした男性中心主義的なイデオロギーは、彼らの生活すべてを支配しているわけではなく、セクシュアリティがよりあらわに表現される場もある。たとえば、すでに述べたような路地での女性たちの場がそうだろうし、男女が一対一で対する場面などもその一つとして考えられる。だからこそ、先の「お前は女が好きなのか」という質問のように、異性愛でないセクシュアリティについても許容するような発言が出てくるのかもしれない。

誤解のないようにいえば、イタリアでも同性愛に対する偏見は小さくない。カトリック的な考え方からみれば罪でもある。しかしその一方で、人は誰でもセクシュアルな存在であるという考え方も確実にあり、そこでは、先の質問者がいうように「世の中には、そういうこともあるかもしれない」とされている。また、いわゆる不倫の関係についても、名誉論やカトリック教義に照らし合わせれば許されることではなく、公になれば大きなスキャンダルになるものの、実際には数多くあるという。実際、ロッカでもそれは広場や路地で好まれている話題の一つだったし、そんなとき、人々はしばしば「愛（アモーレ）だから仕方がない」とも語っていた。

セクシュアリティは、しばしば公的にはネガティブな評価をされているが、そうしたネガティブな評価も含めて、彼らの生活には深く浸透している。だからこそそこで暮らした私も、自らが女性でありセクシュアルな存在であることを否応なく意識させられたのである。

研究者のセクシュアリティという問題

こうして私は、ロッカでの調査のあと、セクシュアリティという視点を積極的に取り入れた形で、ジェンダー研究に取り組んでいった。そしてその過程で、セクシュアリティという問題が、当時想定していたような、彼らの男女のあり方や家族などの、いわば私的な領域の問題だけでなく、国民国家、近代化などの、いわば公的、政治的な問題や思想的な課題にまで関与していることも理解するようになった。現在では、その問題系の広がりと重要性にかんしては、人類学のみならず多くの学問分野で広く認知されている。ここではこうした近年の進展についてはさておき、最後に、セクシュアリティの研究課題としての重要性について、もう一度繰り返しておきたい。

たしかにあらゆるものが研究の対象になるとはいえ、すでに述べたように、数十年前までは、研究課題に適したものとそうでない（とみなされている）ものとの区別があった。そして後者の最たるものが、実は、セクシュアリティだった。セクシュアリティは、調査地の多くの社会において規制され隠されているだけでなく、研究者側によっても、女性やジェンダーの問題以上に「沈黙」させられてきた領域だったといえる。

もちろん、記述や考察がまったくなかったわけではない。ただしその多くは、親族関係・組織などとの関わりからの考察や、「第三の性」とも呼ばれた同性愛やトランスジェンダーなどの性的マイノリティの議論に集中する傾向があった。さらには、一種の好事家的な興味、または、きわめて個人的な関心とみなされることも多かった。実際、私がセクシュアリティという言葉を用い始めた当初、周囲からは、やはり「アモーレ」の国イタリアで調査をすると関心がそっちに行くのかという、あくまでも私の個人的な体験や興味に還元しようとする反応も少なからずあった。

そして最大の問題点は、研究者たちがこの問題にまったく関心を寄せていなかったわけではないということである。研究者たちは、論文や講義などの、いわば研究者としての公的な場をいったん離れ、酒の入った席などの、いわばプライベートな場に入ると、調査地でのセクシュアリティに関わる話題を自身の経験も含めてしばしば饒舌に語っていた。それは、現地の女性や男性との武勇談的な話であったり、ハラスメント的な苦労談であったり、恋愛であったり、深刻な性的問題であったりとニュアンスはさまざまだった。私もそうした場に何度も同席したことがあるだけでなく、正直、自分の経験にもとづいた軽口をたたいたこともあった。つまりセクシュアリティは、「沈黙」されてきたのではなく、「私化（プライベート化）」されていただけだったのである。

この状況のどこに問題があるのかは、もはやいうまでもないだろう。それは男性中心主義、コロニアル的などという言葉でも指摘できるだろうが、何よりも研究者の側が、これまでセクシュアリティという問題を徹底的に私的なものとみなし続けてきたのであり、私たち研究者はまずはこの点を明確に意識すべきなのである。

たしかに最近では、セクシュアリティ研究の重要性や意義が理解されるようになり、こうした傾向は少しずつ是正されている。しかしその一方で、セクシュアルな経験は、やはりプライバシーに深く関わり、軽々に公の場で語りにくいという性格をもつ。さらには、往々にして人目に触れないような場での非常に個人的な経験であるため、そもそも一般化しにくかったり、虚実が入り混じりやすかったりと、その考察にあたっては難問が数多くある。私自身もいまだ公に語れない経験や情報を有しているし、それらをどう考えていったらいいのか、糸口すらつかんでいない部分も多い。

とはいえ、研究者たちも長期間調査地で過ごしていれば、セクシュアルな存在と見られ、さまざまな事柄に出会ったり巻き込まれたり、その過程で、自らのセクシュアリティを実感したり見直さざるをえなかったりする経験は必ずやあるだろう。実際、研究者たちはこれまでも、バックヤードではそうした体験を語ってきた。とするならば、人類学者とフィールドとの関係のあり方が問われている今、このセクシュアリティという問題は、そのあり方をさらに考えていくうえでもきわめて重要になってくるはずである。

そして、そもそもセクシュアリティ自体が、私たちの生活や社会、そして文化にとっても欠くことのできない部分であることは間違いない。私にとってロッカでのフィールドワークは、彼らにとってのセクシュアリティの重要性だけでなく、まさに、こうしたセクシュアリティそのものの重要性をも、身をもって知る機会であった。そのため今後も、積極的にこの問題に取り組んでいくつもりである。

第五章　「私」意識の生まれるところ
～ローカル・コミュニティ～

イタリアではしばしば、「あなたは、どこのパエーゼの者か（Di che paese sei?）」という質問を耳にする。

パエーゼ（paese）とは、英語のカントリー（country）にほぼ相当する言葉である。イタリアの代表的な辞書『ジンガレッリ（Lo Zingarelli）』二〇一四年版には、①土地、一般的には人が住み耕された土地、②国、国家、③小規模な居住地とある。

ゆえにこの質問は、外国人に対しては、出身国を問うものになるが、一方、彼らの間では、互いの出身の町の名前をいい合うことになる。たとえばローマに生まれ育った者なら、答えはローマであり、その形容詞形であるロマーノ（romano、女性形はロマーナ romana）、すなわち「ローマ人」と答える者も多い。イタリア語では、英語でアメリカの形容詞形アメリカンがアメリカ人を意味するのと同じように、パエーゼの名を形容詞化して、そのパエーゼに住む人々を指し示す用法があるためである。この形容詞化には、ローマがロマーノになるように接尾辞の -ano をつけるだけでなく、接尾辞 -ese を用いるやり方もある。その場合は、たとえば、ミラノはミラネーゼ（milanese）となり、ロッカプリオーラもロッカプリオレーゼとなる。

そして私は、ロッカに住み込んでまもなく、彼らがこうした問答をかわしている様子から、やはりイタリアでは、よくいわれているように、国よりも各自の町に対する帰属意識のほうが強いのだと考えるようになっていた。

私のパエーゼはどこか

ところで、ロッカでの調査を始めて半年ほどたったある日のことである。いつも通りバールで数人の男性たちとよもやま話をしていると、私は、その一人から「お前は、どこのパエーゼの者か」という質問を投げかけられた。すでに述べた通り、この問いは、外国人になされる場合には国の名前を尋ねるものである。当時ロッカの住民のほとんどは、私が日本人であることを知っていた。ゆえに私は、何を今さらと思いつつ、「もちろん日本だ。私は日本人だ」と答えたのだが、質問者は、「そうではなく、お前が日本で生まれ育ったパエーゼのことだ」と返してきた。つまり、出身国ではなく、出身の町を知りたいというのである。

私の出身地は、寒川町という神奈川県内の町である。イタリアはおろか日本でも知られている町ではない。このため私は、彼らも知っている地名をあげて「トウキョウの近くだ」と答えた。そのほうが彼らにとっては分かりやすいと思ったからである。しかし彼らは満足しなかった。「ではお前はトウキョウに住んでいるのか」「いや、違う」「では、お前のパエーゼはどこか」「だから、トウキョウの近くのパエーゼだといっているだろう」などの押し問答が続き、最終的に「俺たちが知りたいのは、お前のパエーゼの名前だ。その名前をいえ」ということになった。

そこで私が、「サムカワだ」と答えると、驚いたことに、彼らは妙に納得したように「そうか、サムカワか」とその名前を口々に繰り返したばかりでなく、そのうちの一人が、「では、お前はサムカワーナか」と尋ねてきた。サムカワーナとは、既述のように -ano という接尾辞を用いた形容詞化の女性形であり、「サムカワ人」という意味になる。しかも、私が戸惑いながら日本ではそういういい方はしないという意味で「いや違う」と答えかけたところ、横から「では、サムカヴェーゼか」と、サムカワを別の接尾辞を用いて形容詞化して問いかける者もいたのである。

パエーゼの意味

さて、このエピソードも、ロッカでの調査中、私に非常に強い印象を残したものの一つである。たしかに、イタリアは国としてのまとまりが低く、各自は自分の生まれ育った町に強い愛着をもっていることは、調査の前から知っていたし、それまでのイタリアにかんする多くの民族誌等でも指摘されていた。こうした各自の町への愛着は、イタリアではカンパニリズモと呼ばれている。

したがって、このエピソードも、そうした彼らのカンパニリズモの表出の一例であるといえるだろうが、私にはそれだけではない何かがあるように思われた。というのも、私がこのとき最も驚いたのは、彼らがカンパニリズモの存在を日本社会にも当てはめようとしただけでなく、私の町の名前・サムカワを、知ろうとしたことである。

実際、この質問はこのときだけではなかった。その後も何回かロッカの住民以外のイタリア人からも受け、同じくサムカワという名を答えさせられた。また、イタリア人同士でこの問いがかわされる際にも、同じような受け答えが見られることにも気づくようになった。たとえば、ロッカプリオーラもイタリアではほとんど知られていない町である。しかしロッカの住民たちは、この質問に対して、何のためらいもなく「ロッカプリオーラ」と答えるし、「私はロッカプリオレーゼ（ロッカプリオーラ人）である」と表明する。もちろん、その場所がどこかと聞かれれば「ローマの近くだ」というが、けっして、私のように最初からそういうことはない。質問する側も、「ローマの近く」よりも「ロッカプリオーラ」という名前を聞くことのほうを重視しているように思われた。

そしてさらに興味深いのは、そのとき、ロッカプリオーラがどんな町であるかについて、たいていの質問者はあまり関心を払っていないように見えたことである。先の私のエピソードでも、サムカワがどんな町なのかという質問は出なかった。とするならば、町に対する具体的な関心がないにもかかわらず、自分あるいは相手が生まれ育った町の名前を聞く・知る・表明することにどんな意味があるのか、という問いが浮かび上がってきた。つまり、ロッカプリオーラという町を知らない相手に、「私はロッカプリオレーゼ（ロッカプリオーラ人）」であるということには、どんな意味があるのだろうか。そして、ロッカの人々が私の町が「サムカワ」だということを聞いて、何を納得したのだろうか、サムカワに興味がなければ、何のために「サムカワ」という名前が知りたかったたのだろうか――このように考えていくと、パエーゼとは人々にとって、これまで論じられてきたこと以上の意味をもっているのではないかと思われ、その観点からロッカの生活を見直してみようと考え始めたのである。

この章は、このパエーゼという観点から、私のロッカでのフィールドワークを振り返るものである。パエーゼとは、いわばローカル・コミュニティである。イタリアでもそのまとまりや機能は、現在あらゆる側面で低下しつつある。しかしその一方で、町を活性化しようとする動きも近年では広く見られる。そうしたいわば地域振興の動きは世界的な現象だが、イタリアのそれは、のちに触れるように質量ともに数多く多彩でもある。そのことも含めて、そもそもパエーゼとは彼らにとって何を意味しているのかを探っていくことは、私たちにとっても、ローカル・コミュニティに生きるとは何かを考えるうえで示唆的であるに違いない。少なくとも私は、ロッカで生活しながら、彼らのロッカプリオーラに対するこだわりを見ていくうちに、そもそもローカリティ（地域）とは何かという問題を考えるようになった。本章は、そうした経験や考察の一端の紹介である。

したがって、以降で用いるパエーゼは、国ではなく、ローカル・コミュニティのレベルのパエーゼを意味する。また、パエーゼは多くの場合、コムーネと呼ばれる地方行政の基本単位にも重なる。それは日本では市町村に相当するが、イタリアでは規模の大小にかかわらずコムーネと呼ばれており、規模による認識の差はほとんどない。本書では、その意味でも、パエーゼに相当する日本語としては、その規模にかかわらず「町」を用いていくことも断っておく。

イタリアの国としてのまとまりのなさ

イタリアのパエーゼについて考えていこうとすると、まず真っ先に思い浮かぶのは、イタリアは国としてのまとまりが弱く、地域的な多様性が非常に大きいという、世界的にも普及しているイメージであろう。まずはこの点について少々述べておきたい。

たしかにイタリアの地域的な多様性は高い。たとえば「南部問題」という言葉があるように、南と北との格差が大きいことは日本でもよく知られている。ここ数十年ほどは、北部同盟という北部イタリア独立を掲げた政党が勢力を増し、一時は政権の一角も担っていた。また、イタリア人自身もしばしば、「イタリアにはイタリア人はいない。いるのは、ローマ人や、ミラノ人、ナポリ人などだ」、「イタリア人は、四年に一回だけ（サッカーのワールドカップのときだけ）生まれる」という軽口をたたく。ロッカでも私が、「私はイタリアの文化を研究している」と人々に説明すると、「ここにはイタリア人はいないし、イタリアの文化もないよ」と冗談半分で返答する者が多かった。「一番（大切なの）は家族、二番は教会、哀れな国家は三番目」という言葉もあり、彼ら自身が、自分たちのイタリアへの帰属意識は低いと語っている。

そもそもイタリアは、古代ローマ帝国の崩壊以後、長い間、多くの都市国家等に分裂していた。イタリアとは半島部分を指す地域的な名称であり、そこがイタリアという名で国家として統一されたのは、一八六一年のことであった。当時の政治家ダゼーリオが、「イタリアは成った。これからはイタリア人を作らなければならない」といったとも伝えられている。現在では、この発言は事実ではなかったことが明らかになっているが、にもかかわらず、真実味をもって語り伝えられてきたことに、イタリアの特徴が示されていることは間違いない。こうした多様性は、衣食住などの日常生活をはじめとして多々見られるが、一つだけ、言語の事例を取り上げてみよう。

現在の標準イタリア語は、中部のトスカーナの方言をもとに文学者らによって作られたものである。十四世紀初めに書かれたダンテの『神曲』がその基礎になったとされているが、その実質的な整備はようやく十九世紀のイタリア統一運動が始まってからだった。このため、統一後、学校教育制度をとおして少しずつ普及したとはいえ、その歴史は浅い。現在でも、日常生活ではいわゆる方言がしばしば使われており、彼ら自身も「イタリア語を話すのは、ＲＡＩ（イタリアの元国営放送局）のアナウンサーとアリタリア（イタリアの航空会社）のキャビンアテンダントだけだ」という。たしかに、とくに若い世代は標準イタリア語を話すようになっているが、そのイタリア語にもたいてい各地のなまりが含まれている。

一方、方言は、ベネチア語やナポリ語など、イタリア人同士でも地元の人以外にはなかなか通じないものが多く、さらにはサルデーニャ語など、言語学的にみればイタリア語とは異なる系統の言語もある。また、国境近くの州や県では、イタリア語ではなくドイツ語系やフランス語系の言語が公用語とされている。それは、イタリアの国家形成の過程で、オーストリア、フランスなどとの国境において、もともとドイツ語圏やフランス語圏であった地域がイタリアの国土に併合されたためでもある。

ちなみに私は、ロッカでの調査の二年ほど前、中部イタリアのシエナという町のイタリア語学校に短期留学した際、かなり驚いた経験がある。そこは、外国人用のイタリア語学校だったが、ヴァッレ＝ダオスタ州から来た女子学生と一緒のクラスになったのである。ヴァッレ＝ダオスタは、イタリア北西部の小さな州で、フランスとスイスと国境を接しており、長い間フランス語を使用してきた歴史をもつ。ファシズム時代にはイタリア語以外の使用が禁止されるなどの弾圧もあったが、現在フランス語は州の公用語として認められている。当時彼女も、日常的に話しているのはフランス語で、イタリア語は学校で習うだけだと話していた。しかし、公務員などの職を得るためには、やはり十分なイタリア語力があると有利になるという。このため、さび付いたイタリア語をブラッシュアップするためにこの学校に来たと彼女は語った。それにしても、外国人用の語学校にイタリア人がイタリア語を学びに来るとは、これこそ、私にとって「イタリアって何だろうか」という問いに最初に出会った経験だった。

作られた多様性

とはいえ、その多様性や違いを強調しすぎることも危険である。どんな国でも内部には違いはあるし、そこには実は、ほかにも重要な問題が隠されている。

たとえば、よく知られているイタリアの南北差について少々詳しく見てみよう。たしかにその差は大きく、北部はフィアットなどイタリアを代表する企業が集中する工業地帯を有している一方、南部は開発が遅れ、所得や失業率などの数字からも相対的な貧しさが見て取れる。景観についても、北は全体的に緑が多いが、南になるほど荒れて乾燥した土地が広がっている。それは一つには、南部では大土地所有制度による粗放農業が広がり、短期的な収益を上げようとして環境破壊につながってしまった一方で、北部では、一つひとつの経営規模は小さいが果樹なども含めた多角的で集約的な農業が行われてきたためである。

また、パーソナリティや文化という点でも両者の違いは大きいという。時間にルーズで陽気、仕事嫌いで、社会制度も機能しないというイタリア人のステレオタイプに合うのは、実は南部であって、北部の人間はまじめで勤勉、社会制度も適切に機能していると指摘する者は多い。こうした考え方の典型の一つは、一九九〇年代ごろから北部イタリアの分離独立を目指して支持を集めるようになった北部同盟という政党に見ることができる。彼らは、南部の人間は、自身では働かずに北部が稼いで収めた税金を「開発」という名で使っている「泥棒」だと非難した。現在、北部同盟の支持率は低下し、その主張もやわらいだものとなっているが、一時は、北部を中心に南部への差別意識が強くなり、南部住民を「ヨーロッパ人」ではなく「アフリカ人」と呼ぶ者もいた。

しかしながら、こうした南北の差は、皆無ではないものの、あまりに誇張されている部分が少なくない。しかも歴史的に見れば、その違いは、実はイタリアという近代国家の成立によって形成され拡大してきたことにも注意したい。

そもそも、イタリアを統一したサヴォイア家の所領は現在のイタリア北西部に位置しており（首都はトリノだった）、ほかのヨーロッパ地域と同様に工業化が進んでいた。それゆえ統一後、南部は彼らにとって「遅れた」土地として認識され、「南部問題」という言葉が作られ、その解決という名目でさまざまな施策が行われたものの、効果を見ることなく、逆に南部の遅れが定着し、格差が拡大してしまったといわれている。そしてその格差は、イメージとしても広がり、南はパーソナリティや文化の面でも「後進」とみなされるようになった。たとえば、身体的特徴と犯罪との関係を解明しようとイタリアで生まれた犯罪人類学という学問がある。そこでは、南イタリアの住民たちは身体的な特徴からして犯罪気質をもっているという議論が展開された。それは、南部を本来的な後進地とみなすことによって、イタリア（事実上、北部）がヨーロッパにおける自らの後進性の原因を南部に押し付けようとする当時の論調とも呼応していた。南部の後進性とは、その実態もイメージも、ともに政治的に作られてきたものなのである。

そして同じことは、南北差にとどまらずイタリアの地域的多様性という問題全般に当てはまる。たとえば、イタリアには多様な方言があることはすでに述べたが、それは近代化以降、標準イタリア語が整備される一方で、それまで各地で使用されてきた言語が、その標準に即してあらためて地域毎に整理され、方言として再編されてきたものである。

また、現在ではイタリア文化の代名詞の一つとなりつつあるイタリア料理、食についても同様である。そもそもイタリア料理というカテゴリーが生まれたのは、イタリア王国成立以降であった。そしてそれに伴って、各地の料理の特徴が意識され整理されていき、各地の名前（ほぼ州の名前に相当）を冠した料理が体系づけられるようになった。現在では、たとえば本屋を覗けば、そうした地方料理の書籍が棚にずらっと並んでいる様子を見ることができる。また、食を総合テーマに掲げた二〇一五年ミラノの万国博覧会では、イタリアのパビリオンに州ごとの特徴的な食材や料理などを展示するという。そこには、食をとおしてイタリアの多様性、豊かさを表現する狙いもあるとされる。このように最近では、多様性をイタリアの国家の特徴とみなしたり、称揚したりする現象も出てきている。

問い自体の問い直し

こうしてみると、イタリアの地域的多様性とは、たしかに近代化（国民国家化）の遅れが関与していたかもしれないが、そのことも含めて、イタリアという国家の形成や国家としての自己認識、主張という問題と切り離して考えることはできない。両者は表裏一体の問題であるともいえる。しかし、ここでこれから取り上げようとしているパエーゼをめぐる問題は、こうしたイタリアの地域的多様性とも異なっていることを、まず、指摘しておきたい。

第一、これまで述べてきたイタリアの地域的多様性における「地域」とは、多くの場合、州などの相対的に広域な地域や、その州都などの大都市を想定している。一方、ここで取り上げようとするのは、あくまでも町のレベルについてである。

そして、もう一つは、この町のレベルでの帰属意識は、実は、イタリアという国家や地域（州など）への帰属意識とトレード・オフ的な関係にも、または逆に、延長線上のような関係にもないと思われる点である。

たしかに、「ここにはイタリア人はいない。いるのはロッカプリオーラ人だけだ」という台詞は、ロッカプリオーラへの帰属意識が高いために、イタリアへの帰属意識は低くなっていることを示しているように聞こえる。両者は相容れない関係として認識されているのであり、私も当初、そう考えていた。

しかし彼らが、「イタリアにはイタリア人はいない」といっておきながら、イタリア人に対するステレオタイプには、我が事として強い反応を示すことは、すでに二章で述べたとおりである。たしかに彼らのイタリア人アイデンティティは弱いようだが、少なくとも私はこれまで、それを明確に否定する発言は、北部同盟のような分離独立を標榜する事例を除いて耳にしたことはない。人々は、イタリア人というアイデンティティを、パエーゼに強い愛着を抱いているからといって無視したり否定したりはしていないのである。ロッカの人々も、とくに外国人を前にしている際には、イタリア人であることにある種の誇りをもっているような態度をとることは少なくなかった。とするならば、その弱さとは、従来はイタリアの国のまとまりのなさとしてネガティブに評価されてきたが、強弱などという量的な問題ではなく、国との関係性の質的な問題として再考すべきだろうし、一方、彼らのパエーゼへの強い愛着についても、それをイタリア人アイデンティティの弱さの裏面ではなく、人とパエーゼとの関係のあり方が国とのそれとは根本的に異なっているものとして考察していくべきかもしれないと考えるようになってきたのである。

もっとも、この問題意識は、最初のフィールドワーク中に明確になっていたものではない。たしかに調査期間中、本章の冒頭のエピソードのような印象的な経験はしていたが、その印象がどこから来ているのか、問題の所在を明確に把握していたわけではなかった。当時はまだ、イタリアという国への帰属とパエーゼへの帰属を同一線上の問題とみなす傾向にあった。

しかし、私が調査を終えて帰国した一九八〇年代末は、一章で述べたように日本の人類学全体がアンダーソンの『想像の共同体』に触発されたナショナリズム論に大きな関心を寄せ始めた時期でもあった。一方、コミュニティ・スタディは、その批判も含めてそれに言及すること自体が時代遅れに見えるほど、人類学の研究対象から急速に姿を消し始めていた。

ゆえに私も、それまで正面から考えることのなかった「イタリア」という問題にあらためて向き合うとともに、自身が調査対象としてきたロッカというローカル・コミュニティとは何だったのかという問題を考え直さざるをえなくなった。そしてパエーゼという問題の所在が少しずつ焦点化し始め、ようやく先の問い、すなわち、人々にとってのパエーゼとは、一般にいわれているようなイタリアの国のまとまりという問題とはまったく別物なのではないか、という問いが出てきたのである。

パエーゼのまとまり

とはいえ、彼らのパエーゼへの帰属意識の強さが、彼ら自身によっても、イタリアという国の弱さと関連づけられて考えられていることも事実である。それはやはり、パエーゼがさまざまな意味で高いまとまりを見せているためである。もちろん、パエーゼが閉鎖的なコミュニティであるわけではない。当然のことながら、町を越えた人や物などの移動は現在のみならずかつてから頻繁に行われている。しかし彼らは、近隣のパエーゼなどとの違いを強く意識しており、そのことは、これまで多くのイタリアの民族誌でも指摘されてきた。私もロッカに住み込んですぐにそのことに気づいた。そこでまずは、ロッカというパエーゼについて読者の方々に具体的なイメージをもってもらうためにも、そのまとまりの高さについて簡単に描写しておくことにしよう。

パエーゼのまとまりは、第一に、どの町でもその物理的な景観に見てとれる。一章で述べたように、ロッカは、丘の上に家々が密集してできている町である。その中心には教会があり、居住区の周囲は城壁で囲われて、見るからに凝集性が高い。もちろん現在では、その城壁を越えて家々が建てられ、今や城壁外の人口のほうが内部より多くなっている。しかし、その居住区は同心円状に広がっており、教会を中心とする求心的な形態は引き継がれている。

そして丘の頂点にひときわ高く立っているこの教会こそ、ロッカの最も重要なシンボルであった。人々は、旅行などからロッカに帰ってきて、この教会の鐘楼が見えてくると、ああ帰ってきたなと感ずると話していた。そもそも、パエーゼに対する愛着を意味するカンパニリズモ（campanilismo）

という言葉は、教会の鐘楼（カンパニーレ campanile）に由来している。また、どの町にも、その町を守護するとされる聖人がおり、ロッカの守護聖人ロッコには、かつてこの地域にペストが蔓延したとき、ロッコが現れてペストがロッカに入るのを阻止したという話が伝わっていた。聖人ロッコの日である八月十六日には、今でも盛大に守護聖人祭が催される。いつもは教会に安置されている聖人ロッコの像が担ぎ出され、ロッカの主要な場所をめぐる宗教行列が始まると、町中は文字通り人だかりになった。祭りに関わるイベントは翌十七日も続き、この二日間は町全体が最も賑わう機会でもあった。

写真33　ロッカの教区教会の鐘楼。この教会は14世紀に作られたが、とくに20世紀以降何度も修復されており、鐘楼も1930年代に作り直された。ロッカのランドマークであるとともに、鐘の音は時計代わりにもなっている。2013年10月。

さらにロッカでは、人々が周囲の町々との違いにとても敏感で、しばしばおしゃべりの

写真34　復活祭に作られる菓子は、町ごとに異なる。ロッカでは「ピッツァ・ディ・パスクワ（復活祭のピザ）」という名の、いわばパンケーキがつきものである。写真は、パン屋の主人が焼きあがったケーキをトレイから出しているところ。1978年3月。

話題の一つになっていたことも注目に値する。

　実際、隣町同士であっても習慣などに細かな差が見られることは少なくない。ロッカでも、冠婚葬祭の際の細かな手順や料理、日用品の呼び名なども、すぐ近くの町とでさえしばしば異なっていた。このことは、かつてはほかの町への移動は、役人や商人などの特定の人々に限定され、大半の住民たちは町の外に出かける機会が少なかったこととも関連しているかもしれない。アンナによれば、戦後しばらくまでは、ロッカを出ることはほとんどなく、ロッカから一歩も出ずに生涯を終えた人も珍しくなかったという。結婚相手もロッカの中で探す傾向が強かった。

　このため現在でも、ロッカの人々は「私たちは皆親戚だ」とよくいう。もちろん、実際にはよそからの移住者も多く、実態は異なるが、少なくとも意識のうえでは、自分たちは皆が知り合いで、何らかの関係にあるという思いはとても強い。それゆえ一方では、ほかの町から移住してきた者たちが、いつまでも「よそ者（フォレスティエロ forestiero）」として扱われると、不満を口にすることも少なくなかった。

また、彼らは周囲の町々にさまざまなあだ名をつけていた。たとえば、「ロバを食う者」、「泥棒」、「バカ」等々である。その由来や理由がなんとなく分かっているものもあれば、まったく不明なものもあり、ロッカだけが当のあだ名をその町に対して使っているという場合もあった。しかしいずれにせよ、どれもいわば悪口であり、人々が周囲の町々にネガティブな視線を向けている証の一つである。

そして中でも、すぐ隣のモンテコンパトリという町との関係は特別だった。この二つは互いにライバル意識が強く、かつては互いの町を訪問しただけでもしばしば喧嘩が起きたという。たとえば、アンナにはもう一人、両親の大反対を押し切ってこの町の女性と結婚して移り住んだ弟がいたが、以降、彼がロッカを訪れる際には、余計なトラブルを避けるために夕刻、暗くなってからの時間を選ぶことが多かったという。また、互いの守護聖人祭などの際には、その前日に若者たちが相手の町の飾りつけを壊しに行ったりする嫌がらせをしていたこともあったという。実はこうした敵対的な町のペアは、ロッカとモンテコンパトリだけでなく、周囲のカステッリの町々や、イタリア各地にも存在している。そしてさらには、すでに『シエラの人々』にも記述があるように、スペインなどの地中海ヨーロッパでも広く見られることも付け加えておく。

「無道徳」な社会

さてこうしてみると、ロッカはやはり、一つのまとまりのあるコミュニティとして明確に意識されており、だから彼らは、自分たちを「イタリア人ではなくロッカプリオーラ人である」といっていると思われるだろう。私の第一印象もそうだった。

ただしその一方で、それまでの研究では、イタリア社会では公共の利益よりも個人やその家族の利益が優先され、規範や規律が欠けているため社会全体がまとまらないという、真逆の指摘もなされていた。そしてその最たるものが、すでに紹介したバンフィールドの「無道徳家族」論である。

もっとも、これらの議論は、正確にいえば、イタリア社会にまったく規範や規律がないという主張ではない。たしかに持続的で機能的な集団や組織はあまり見られないが、友人関係やパトロン・クライアント関係などの、二者間のインフォーマルでパーソナルな関係は発達しており、そこには彼らなりの規範があることは当初から注目されていた。パトロン・クライアント関係とは、ほぼ同等の力関係にある二者関係を友人関係と呼ぶのに対して、政治家が一般市民から票を得る代わりに就職の世話等をするように、往々にして地位や力の差のある二者間で、互いの利益に沿った取引が行われる関係のことである。つまりイタリアでは、個々人がさまざまな人々とパーソナルな付き合いや取引を積極的に展開し、人脈を広げながら利益を追求していこうとする行動様式が一般的に見られるとともに、そうした行動が「フルベリア（ずる賢さ）」などの言葉で積極的に評価され、規範化されているといわれてきたのである。

実際、ロッカでも、役所での手続き一つをとってみても、そこに知り合いがいるかいないかによってかかる時間が違ったり、職探しなどにはコネが蔓延しており、パーソナルな関係が優先されていた。そして、友人・知人を数多くもち、その人脈を自分や家族のために適切に使える者は「フルボ（ずる賢い）」と呼ばれ、その言葉には多少ネガティブな意味合いはあったものの、結局は一目置かれていた。ただし、だからといって自分の利益だけを追求していればいいというわけでもなく、相手に返礼をしなかったり、相手の頼みを拒否ばかりしていると評判を落とし、友人・知人を失くして、最終的には自分の不利益になると考えられていた。実際にそう噂され嫌われている人物もいた。つまりそこには、ある種の社会的なバランス感覚が存在しており、けっして「無道徳」な社会ではなかった。

とはいえ、その行動の基本にあるのは、やはり各自の個人的な利益であり、それを基にした個人的な関係の操作や取引であった。したがって、そうした彼らが集まって共通の目的や利害をもつ集団を作ることは難しく、その状況を社会全体から見れば、個々人が全体の利益よりも自分の利益を優先する「無道徳」な状態にも映るだろう。ロッカでも、とくに政治的な場面ではパトロン・クライアント関係や友人関係が蔓延し、さまざまな政治集団が互いに争っているだけでなく、一つの集団でさえ離合集散が激しかった。そしてこうした個々のパーソナルな社会関係を醸成したり強化したりする場が、実は、聖アントニオ祭をはじめとする各種の祭りやさまざまなイベントなどであった。町の人々は、そうした状況について、「皆自分がトップになりたい（Tutti vogliono comandare.）」

から、ロッカには祭りが多いとも語っていた。

とするならば、ロッカの住民たちは、一方では高いコミュニティ意識をもっているものの、他方では、皆が自分の利益を優先しようと行動していることになり、矛盾しているように見えるかもしれない。ただしここでは、この問題は取り上げない。そもそもこうした状況は、少し考えればどこにでもある現象だし、互いに次元の違う問題とみなしたほうが良いとも思われる。したがって私も、ここで考えてみたいのは、この二つのどちらが正しいかではなく、彼らがこのようにコミュニティ全体の利益よりも自分の利益を追求するという行動をとりつつも、なぜ、「私はロッカプリオーラ人である」と語り、ロッカに対する愛着を強くもっているのか、という点である。というのも、彼らがパエーゼに対して抱く強い愛着は、パエーゼのまとまりと一般的にいわれているものとも基本的に異なっているように思われるからである。

そもそも、そうした強い愛着は、あくまでも個人とパエーゼとの一対一的な関係を基盤とする感情である。たしかに私たちは、住民たち一人ひとりが皆パエーゼに愛着をもっているなら、パエーゼ全体はまとまっているに違いないと想像しがちである。しかしそれは、あくまでも推論であり、そうでない可能性だってある。

実際、私はロッカで、「私はロッカプリオーラ人である」という、単数形の主語を用いた台詞は

「私はロッカプリオーラ人である」

何度も聞いたが、複数形の「私たちはロッカプリオーラ人である」という表現はあまり耳にしたことはなかった。もちろん、ほかの町々との差異を話題にするときなど、相手の町の住民たちを複数形で表現する場合に、それに対応する形で「私たちロッカプリオーラ人」という言い方はあった。そしてそこでは、あるまとまり（たとえば、ほかの町にはないある習慣を共有している住民たちというまとまり）が念頭に置かれ、自分または自分たちはそのまとまりの一人または一部であるという意識が、たしかに表出されていたと考えられる。

しかし、単数形の「私はロッカプリオーラ人である」の場合は、自分とロッカプリオーラとの関係が、より直接的な形で表明されているように聞こえた。つまり、ロッカプリオーラの住民たちというまとまりを前提として、そこに属しているか否かではなく、そのまとまりの有無にかかわらず、自分はロッカプリオーラで生まれ育ち、自分のパエーゼはロッカプリオーラであるという、より直截的な表明である。そう考えると、ロッカの人々が私の町の名前を知りたがったことも、私が何らかのパエーゼと結びついていることの確認だったように思われてくる。だから彼らにとっては、サムカワという名前を知れば十分であり、そのサムカワがどんな町かという情報は必要なかったのではないだろうか。

とするならば問題は、こうした個人一人ひとりとパエーゼとの直接的な結びつきとは何か、という点になってくる。もちろん、それは有体にいってしまえば、人にとっては生まれ育ったパエーゼ（町）が大切だということだが、その大切さが、私にパエーゼの名前を問うまでに強いとはどういうことなのか――あらためてそう考えてみると、ロッカでの印象的な経験がもう一つ、思い出されてくる。それは、彼らの戸外での生活に関わるものであった。

見られる

ロッカの戸外生活については、すでに四章でも紹介した。調査を始めてまもなく、私は、多くの人に話を聞くためにも広場をはじめとする戸外で過ごす時間が増え、そこでまず気づいたのは、「見られている」ということだった。先章では、その中で私自身がジェンダーやセクシュアリティという属性をもっていることを痛烈に思い知らされ、その問題に取り組むようになったことを述べた。ただし戸外は、ジェンダーやセクシュアリティの問題にとどまらず、一人ひとりがその全身をほかの人々に「見られる」場である。

ロッカでは、何度も繰り返してきたように、人々は暇さえあれば広場や路地に出て過ごすという生活をしていた。したがって、戸外には常日頃から数多くの人が集まることになり、一歩、家の外に出れば、否応なく多くの人の目にさらされることになった。

このため町の人々は、外出の際には、たとえ近所の店への買い物であっても、かなり服装に気を使っていた。家の中にいるときは、寝間着にガウンをかけただけという姿で家事をしている主婦も多かったので、私の目にはそのギャップは大きかった。また、男性たちは、夕方仕事から帰宅し、友人・知人たちに会いに広場に出かける際には、たいてい髪を整え、着替えてから外出した。シャワーを浴びる者もいた。

このように外出とは、彼らにとって、ただ友人・知人たちと交友するだけでなく、町中の人々の視線の中に入り、その視線の中で自分を意識することを意味していた。私が町の人から四章の冒頭のような注意を受けたのも、そのことに無頓着だったせいにほかならない。

見る

また、このことは、戸外が「見る」場でもあることを意味する。実際、人々は広場や路地に出かけ、そこに知り合いがいなければ、バールの入り口に佇んだり、路地の外階段で日向ぼっこをしたりして、行きかう人を眺めていた。もちろん、仲間と一緒におしゃべりをしたり飲食をしたりもしているが、ただ見ているという時間もけっして短くなかった。アンナのように、家の中にいながら窓から外を見ている者も多かった。

彼らが見ていたのは、もちろん、人である。誰が、誰と一緒に、何をしているのか等々、彼らはそうした人の動きの些細なことまで観察し、それをもとにさまざまな情報交換、すなわち噂話をしていた。たとえば、ロッカでのある日の午前中、私がアンナに頼まれて八百屋で購入した木箱入りの桃を抱えて歩いていたところ、その午後には、何人もの人から「おまえ、桃の木箱を抱えていただろう」といわれ、驚いたことがある。私にとっては、何の意味もないことだったが、日本人が大量の桃を抱えて歩いている様子が面白かったのか、それともその桃の使い道に興味がわいたのか、

写真35　城門近くの広場に面した家の窓から顔をのぞかせている女性。アパートメントは、厚い壁をもち扉が閉ざされているため、外からは中をうかがい知ることは難しい。しかし中からは外がよく見えるし、実際、彼らはこうしてよく外を見ている。1986年10月。

いずれにせよ彼らにとっては十分に話すに足る情報だったのだろう、あっという間に多くの人に知れ渡った。

このように、彼らが互いに互いをよく観察していることは、イタリア社会が先に述べたようにフォーマルで安定的な組織や制度よりもパーソナルな関係の積み重ねによって動いていることとも関係している。ロッカの住民の中には、毎日広場や路地に出かけるのを面倒くさいという人は、実は少なくなかった。では、なぜ外出するのかと質問すると、外出しないと町の様子が分からなくなるという答えがしばしば返ってきた。戸外とは、各自がそうしたパーソナルな関係を展開し、その意味ではまさに社会が動いている場である。それを自分の目で観察し、そうした「生の」情報を手に入れることは、この町で生活していくうえでは非常に重要なのである。

見せる

そしてこうした町中の視線の中、彼らはただ受け身的に「見られている」だけでなく、それをより積極的に「見せる」という形に反転させてもいた。先に指摘した服装、身だしなみはその一つだが、戸外では彼らが、服装だけでなく立ち居振る舞いにまで神経を使い、自分をなるべくよく見せようとしている場面に何度も出会った。

たとえばある日、ロッカの広場で、私の近くにいた男性が「あいつを見てみろ」と、少し離れたところで壁に寄りかかっていた中年男性のことを話し始めた。「あいつは、いつも左側の頬を広場側に向けて壁に寄りかかっている。なぜか知っているか。それは、あいつが、自分は左から見たほうがかっこいいと思っているからだ」というと、周囲の者も笑いに包まれた。そして、ほかの男性たちについても、その特徴的な姿勢や歩き方を真似しながら話が及んでいった。

もちろん、見せるという行為も度が過ぎればこうして人々の笑いの種にもなる。しかし戸外での彼らは、私の印象としては総じて格好良く、自分の見せ方を知っているようだった。イタリア人が世界的にもファッションにうるさいといわれているのも、子どものころから戸外で人の目にさらされて鍛えられているからかもしれない。だからこそ、四章で素描したように、私が無頓着にスニーカーを履いて歩いている姿は、彼らには到底考えられないようなことだったのだろう。

そして彼らは、誰かを見つけては話しかけたり、会話に割り込んだりして、表情やジェスチャー豊かにおしゃべりもしており、その様子はまるで舞台の役者のように見えることもあった。イタリアの広場が町の「広間」といわれていることはすでに述べたが、それは「舞台」という言葉でもいいかえられるかもしれない。

「タエコ!」

ところでこのように、見る・見られる・見せる関係が飛びかう戸外での生活は、私にとってはかなりの緊張を強いられる経験だった。自分が何者であるのかということを、常に意識させられたからだが、そこには、彼らの戸外でのもう一つの習慣も関わっていた。

町の人々は、戸外で出会うと、当然のことながら互いに挨拶をかわす。しかしその挨拶とは、「こんにちは(チャオ)」「おはよう(ボン・ジョルノ)」などではなく、たいていは相手の名前を呼び合う形だった。たとえば、アンナとマリオが道で出会えば、たがいに「アンナ!」「マリオ!」と呼び合うだけである。互いの年齢・性別などがどうであれ、知り合いであれば呼びかけはファーストネームだし(あだ名の場合もあったが)、名前が呼びかわされたあとは、とくに会話が始まることも「こんにちは」の言葉さえ付け加えられることもなく、互いに通り過ぎるのが常だった。

この光景はまず、住民たちが皆、戸外での交友や親族関係などをとおして、互いによく見知っていることを意味している。ロッカのまとまりという意識にとっては、教会などの町全体のシンボルの存在や、慣習などを同じくしているだけでなく、実際上は、こうした日常的な知己の積み重ねが重要であるということもできる。

写真36　城門近くの広場からメインストリートを見た風景。この周囲には店も多く、人の往来も多い。このため、行きかう人々が挨拶代わりに互いの名前を呼び合う声もよく聞かれた。1986年10月。

ただし、そのこと以上に私にとって印象的だったのは、名前の呼びかけが挨拶そのものになっているという点だった。私も、ロッカで生活するとまもなく「タエコ！」と挨拶されるようになった。しかし慣れない私は、そう挨拶されると、そこで何か話さなくてはならないような感じがして、つい足を止めてしまうことが多かった。「タエコ」は挨拶に過ぎないのだから、こちらも相手の名前をいって通り過ぎれば良いのだが、なかなかそうはいかなかった。そして何よりも難しかったのは、相手の名前を挨拶代わりに呼ぶことだった。

そもそも、日本ではファーストネームを使う状況は限られる。また、苗字も含めて名前で呼びかけることも多くない。それゆえ私にとっては、ファーストネームでの呼びかけができるようになるのにまず時間がかかったし、ましてやそれを挨拶代わりにするのは、どうしても失礼に思えて、よほど親しい人を除いては最後までできなかった。

しかしだからこそ、そうした挨拶がかわされている場面に遭遇したり、自分自身がその場面を体験するたび、それまでになかったある感覚を覚えるようになった。それは、家の外に一歩出ると、自分は「タエコ」とみなされるという感覚であった。そして同時に、この町で生活しているのは、匿名的な住民たちではなく、やはり同様にそれぞれの名前で呼ばれ、自らもそう認識している「アンナ」「マリオ」「エレナ」たちであるという実感であった。戸外は、人々が一人ひとり、固有の名前をもついわばユニークな存在として姿を現わしてくる空間でもあるように思えてきたのである。

「私」という意識と承認

さてこうしてみると、彼らの戸外生活とは、ほかの住民たちの視線の中で「私」を意識し、そこでの振る舞い方をとおして「私」を表出・主張していくことであり、同時に、そうしたやり取りの中で一人の固有名をもつ個人として（たとえば「アンナ」として）ほかの住民から認められていくことでもあるといえるのではないだろうか。それは、まさに個々人の社会的な人格の形成であり、その承認である。少なくとも私は、約二年間のロッカでの調査生活においてほぼ毎日広場や路地に出かけながら、そうした印象を強くしていった。

すでに述べたように、イタリアにおける戸外生活の重要性は、これまでも多くの研究者たちによって指摘されてきた。戸外は、そこで町の人々が互いに知り合い、交流を深め、情報交換などを行っているという意味では、町社会のまとまりを醸成している場であり、同時に、各自の職探しなどの個人的な利害を追求する場でもあるといわれてきた。同様のことは、やはりロッカにも当てはまった。しかし本章ではこれまで、それだけが彼らの戸外生活の意義ではないことを見てきたのである。

もちろん、これは最初の調査から数十年たった今でも考察の途上である。また、広場のような空間になじみのない日本社会で育ってきた私の過剰評価に過ぎない側面もあるかもしれない。とはいえ、このように戸外であらわれる「私」という意識は、内面的なものではなく、非常に外面的で対面的な性格が強いという特徴があるようにも思われた。私はそれまで、自分のアイデンティティや自分らしさといわれるものは、他人とは関わりなく自分の内部にある本質としてイメージする傾向が強かった。もちろん、彼らの「私」意識が、他者と対面する局面にのみあらわれるというつもりはない。彼らも、自分というものを内的なものとみなしている。ただし、彼らの行動を観察し、それを自分でも経験していく過程で（それはまさに参与観察の醍醐味ともいえる）、「私」意識には対面的な要因も深く関わっていると考えるようになったのである。しかも、そうして意識される「私」が、「タエコ」という固有名の個人として社会的に承認されるという実感も、私には新鮮だった。それは、誇張を覚悟でいえば、社会の中での自分の位置・居場所が確保されるような感覚であったが、これもまだ印象論の段階である。

したがって以上の議論には検討すべき点は多いのだが、それでも私がここで注目したいのは、こうした戸外での「私」意識の形成と人格の承認が、彼らのパエーゼに対する愛着の重要な土台の一つとして考えることもできるのではないか、という点である。

実際、これまでの記述を踏まえて、もう一度ロッカという町における彼らの生活を、ことに戸外や屋内という町全体の空間構成に即して振り返ってみると、興味深いことが浮かび上がってくる。

町という空間

ロッカの町が、教会や広場を中心にアパートメントが密集している、非常にまとまり感の高い空間であることはすでに述べた。しかしそれは、いわば第一印象であり、主に外部から町を全体的に見た場合の印象ともいえる。実際、ロッカのとくに城壁内のチェントロで暮らしてみると、もう一つの空間的な特徴すなわち厚い石の壁におおわれた家の中と、家の外とのきわだった対比のほうが、日常生活では重要であるように思われてきた。

人々にとって、まず、家族が重要であることは三章で述べた。家族・近親たちは、昼食という機会のみならず日常的にも頻繁に交流をしているが、その舞台は、主に家の中であった。

彼らの家は、基本的にはまさに家族の空間であるといって良い。そこで行われているのは、食べることと寝ることであり、かつての家は、一つの大きな空間に台所のスペースとベッドが置かれているだけだったという。今はどの家にも客間がある。しかし、女性たちが台所におしゃべりに来る以外は、近親以外の者が訪ねてくることはあまりない。厚い石の壁でおおわれ、小さな窓しかもたない彼らのアパートメントを見ていると、そこは外と明確に区切られた、いわば私的な関係に特化した場のようであった。その意味では、町とはまず、家の中でこうした家族・近親とともに過ごす空間なのであり、とくにかつて、町の中で結婚相手を見つけることが多かった時代には、その意味はなおさら大きかったに違いない。

写真37　教会前から城門へと下るロッカのメインストリート。両側の石造りのアパートメントは窓も小さく、その厚い壁が戸外空間と屋内空間とを厳然と分離している印象を受ける。1986年10月。

そしてもうひとつの空間が、これまで見てきた戸外である。何度も繰り返すが、戸外はロッカの人々にとって友人や知人たちと交流するための場である。そしてそこでの広場や路地という分離が、男女というジェンダーやセクシュアリティという問題を反映していることは四章で指摘した。また戸外では、各自が「私」という意識に敏感になるとともに、固有の個人として認められ、町社会の中に位置づけられていくことも本章で述べてきた。

とするならば、ロッカとは、その町としての空間自体に、家族、ジェンダー・セクシュアリティ、友人・知人関係、「私」意識など、彼らにとっての重要な社会関係が埋め込められているといえるのではないだろうか。町は、彼らにとっての生活・人生（いずれもイタリア語では、ヴィータ vita という語であらわされる）そのものなのであり、イタリアでよく使われる「根（ラディーチ radici）」「根付く（ラディカーレ radicare）」という語を用いれば、彼ら一人ひとりの生活・人生の「根」であるともいいかえられる。

実際、私はロッカの調査中、彼らが何らかの理由でロッカを離れなければならないときには、非常に不安を訴える様子を何度も目にした。たとえば、当時行われていた徴兵制のためほかの町で過ごすことになった若者が、その出発の日、母親と泣きながら抱き合っているのを見たことがあるが、私がさらに驚いたのは、送りに来ていた周囲の者たちも彼に同情的だったことだった。彼らにとっては、自分のパエーゼから離れることは、自分の家族からだけでなく、「私」意識をはぐくみ認めてくれる周囲の人々からも離れ、その「根」を抜かれることを意味するのだろう。その不安感には、私には計り知れないものがありそうだった。

それゆえ、逆に二年間近くも日本に帰らずにロッカにいた私の姿は、彼らの目には非常に奇妙に見えたのか、なぜ家に帰らないのかと何度も質問された。本章の冒頭で述べた彼らの質問も、その延長線上にあったのかもしれない。彼らは私にもパエーゼがあることを確認したかったのである。

変化するパエーゼ、されどパエーゼ

さてこうしてみると、「私はロッカプリオーラ人である」や「私のパエーゼはロッカプリオーラである」という台詞とは、自分がパエーゼという「根」をもつ一個の人格であることを意味するものであって、ロッカというパエーゼのまとまりを表現したり、そこにただ帰属していることの表明ではないといえるに違いない。だから、「あなたのパエーゼはどこか」と質問する側も、相手がそうした「根」をもっていることさえ確認できれば、そのパエーゼ（たとえばサムカワ）がどんな町かについてはそれほど関心をもたなかったと考えられる。そして、このようにパエーゼが一人ひとりの「根」であるという感覚こそが、彼らのパエーゼへの強いこだわりの、まさに「根」幹にあるのではないだろうか。

もちろん、パエーゼのまとまりという感覚が彼らにないわけではない。とくにかつては、交通の便が悪いなどの諸条件が重なってパエーゼ内の社会関係が今よりずっと密だったため、その感覚は非常に強かった。周囲の町々との対比や争いもあった。

ただし、たとえば各町の教会は、そうしたパエーゼのまとまりの象徴だけでなく、むしろそれ以上に、個人とパエーゼの結びつきそのものの象徴であると見るべきだろう。両者の感覚はよく似ている。このため両者は、重なり合って相乗効果をもたらすこともあるが、根本的には異なるものとして考えられる。彼らのカンパニリズモという感情は、たんなるまとまりや、住民たちに共通性や同質性があるという問題ではないからこそ、社会が大きく変動している現在でも根強く残っているとも推察される。

たしかにそこにも変化はあり、とくに若い世代はカンパニリズモをあからさまに表出することは少なくなった。一つには、人々の移動や交流がさらに容易かつ広域になり、家族・親族関係も知人・友人関係も町を越えた広がりを見せているためである。ロッカの場合、近隣から多くの移住者が入り、町の形すら変わってきていることは、一章で素描した。たとえ家族・親族関係などの重要性は維持されているとしても、それらの関係が展開される場は、実際の町とますますずれるようになってきている。

また、とくに戸外生活の衰退・変化は看過できない。たとえばロッカでも、ここ数十年訪れるたびに、路地や広場に顔を出す若者たちの姿は減っている。もっとも、それについては、彼らの外出のあり方が変化したといったほうが良い側面もある。若者たちはたしかに広場には出かけなくなったが、夕方以降は、同世代の友人・知人たちと連れ立って周辺の町々のディスコやレストランなどの娯楽施設を梯子しながら相かわらず外で過ごしている。ただしこの変化は、交友関係の広域化だけでなく、町中の者が世代をとわず顔を合わせる機会が減少していることも意味しており、今後、彼らのパエーゼとのつながり意識にも何らかの影響を与えていくかもしれない。

とはいえ、そうした変化にもかかわらず、当の若者たちも「私はロッカプリオーラ人である」という台詞をよく口にする。少なくとも日本に比べれば、若い世代でも自分の生まれ育った町や住んでいる町に対する関心は非常に高い。そしてよく考えれば、イタリアではかつても国内外への出稼ぎや移民も含めて人の移動はけっして少なくなかったし、そうした移動の経験が、むしろ自分のパエーゼへの愛着を高めることにつながった場合もあった。

たとえば、ロッカでもほかの町から移住してきた者は、自分の町での習慣などを誇らしげに語ることが多く、総じて愛郷心が強かった。アンナの長男の妻が北イタリア出身で、自分の親元に毎年数ヶ月の間戻ることは三章で述べたが、彼女も愛郷心が強く、周囲の者からは自分の町の話ばかりすると少々うるさがられていた。一方、アンナの甥のルカは、結婚後ローマに移り住んだが、ロッカの町役場の職員であるという仕事柄もあって、彼の交友の舞台は移住後もほぼロッカだった。彼は、私の調査時には移住して十数年たっていたが依然としてロッカの交友関係にしっかりと根を張り、住民たちからも一目置かれていた。彼によれば、若いころはローマのような都会に住みたいと思っていたが、いざ住んでみると、やはり自分はロッカの人間であると感じたという。だから、今は住民ではないが、ロッカが少しでも良い町になるように仕事をしたいといいながら、勤務時間後も広場で男たちと話したりして、毎日遅くまでロッカで過ごしていた。

そして近年、イタリア各地で起きているさまざまな町おこしも、こうしたパエーゼ意識と密接に関わっていると考えられる。最後に、そうしたイタリアの現状にも若干触れておこう。

パエーゼを、地域を、つくる

人々のパエーゼに対する思い入れが強いイタリアといえども、やはり昨今の町々の変化は小さくない。とくに経済状況の悪化の影響は大きく、若者たちを中心に職を求めて町を離れる者が多くなった。また、プライベートをより重視するライフスタイルが普及し始め、どの町でも家々は、狭く密集した城壁内のチェントロ地区から、ゆったりした空間が広がる周辺地区へと移ってきている。そこでは、一つひとつの家の規模が大きくなるとともに、アパートメントのような集合住宅ではなく一戸建ての家が増え、プライベートな空間が確保しやすくなっている。こうしたいわばドーナツ化現象はロッカでも見られ、現在、ロッカのチェントロは人気が少なくなり、町全体の活気に影を落としていることは一章で述べた。このように以前に比べると町の活気が失われている状況は、ここ数十年イタリア各地で問題になっている。

しかしその一方で、町の賑わいを取り戻そうという動きも出始め、注目が集まるようになっている。その一つが、実は、日本でも有名なスローフード運動である。

スローフード運動とは、マクドナルドをはじめとするファーストフードのような、画一的で、環境破壊にもつながりかねない食のあり方を見直し、それぞれの地域の環境や文化の中で生産され料理されてきた食を大切にしていこうという運動である。日本の地産地消に似ている。

ただしこの運動の根にあるのは、食だけでなく、それをとおした地域の活性化である。むしろ、地域こそが彼らの最重要課題であるともいえる。そもそもこの運動自体が、北部イタリアのブラという小さな町で、この町の衰退を憂いた住民や出身者たちによって始められたものである。彼らは、当時ブラでほとんど見捨てられていたワイン作りを再興して特産品とすることによって、観光地化、雇用創出などの経済効果だけでなく、ブドウ畑を手入れすることによる景観の復活や、食育をとり入れた学校教育など、ブラの生活のあらゆる側面に刺激を与えることに成功した。

そしてこのモデルが注目を浴び、今やスローフード協会は世界的な広がりを見せているわけだが、イタリアではほかにも似たような動きがあちこちにある。農家での宿泊体験や農業体験などを売りにした、アグリツーリズモと呼ばれる農業一体型の観光のあり方もその一つで、各地で地域おこしの目玉とされている。さらには、食や農業だけでなく、それぞれの地域の特性を自分たちで掘り起していこうとするスローシティなる運動も始まっている。

また、少々異なる動きのように見えるが、障碍者、高齢者、子どもたちなどの、いわば弱者を支援しようとするさまざまな組織の活動も盛んになってきた。中でも社会的協同組合という組織は、こうした社会的な支援を目的とするために制度化されたものであり、ただ支援するだけでなく、障碍者たちと一緒に働き暮らしていく場を作ろうとするものが多い。ロッカにも最近、ロッカおよび近隣の知的障害の若者たちに就労の場を提供しようとする協同組合ができた。これらは、観光などに結びつくいわば派手な地域おこしではないし、それを直接の目的とするものでもない。しかしその多くは、それぞれの地域で身近な社会問題に対応しようとしている。私もいくつかの社会的協同組合を訪ねて話を聞いたことがあるが、それぞれの町や地域の問題を解決し、生活を良くしたいと

写真38　ロッカではかつては牧羊が盛んに行われていたが、今は激減している。しかし、牧夫の作る羊乳のチーズには愛好者が多く、ロッカの外からも直接買いに来るものが少なくない。最近ではこれをロッカの特産にしようという動きもあるが、うまくいっていない。1986年4月。

いう思いが強かった。また彼らが、障碍者たちなどにとっても地域や町の中で生活していくことがより良い人生につながると考えていることも、注目すべきだろう。

ただし、それらすべてがうまくいっているわけではない。たとえばロッカのように、いまだそうした動きがあまり見られないところは多い。または、何らかの動きがあっても長続きしないところもある。実際、これらの活動の多くは、行政などの「上」からのものではなく、草の根的に生まれてきたものだが、そのことは同時に、すべては「人」に頼っていることを意味している。イタリア社会が往々にしてオフィシャルな制度ではなくパーソナルな関係に依存していることは

写真39　ローマにつながる道が整備された地区では、とくにローマからの移入者が急増し、最近新たな教会も建てられた。左手の建物では聖書講読などの宗教的な活動だけでなく、地域住民たちを中心とするさまざまサークル活動等も行われ、地域の交流の場となっている。2013年10月。

本章で述べた。このため、そうした力量のある人物がいないと何も起こらないし、いたとしても、彼または彼女はその活動を個人的な利害に結びつけがちである。そうなると活動は容易に変質し、失敗に終わってしまうことも少なくない。

とはいえ、そうした失敗の山を抱えつつも、彼らの試行錯誤は続いている。ロッカでも、移入者たちによって新たに作られた地区では、教会が作られ、そこを拠点にさまざまなサークル活動が行われるなど、交流活動が盛んになり始めている。それは、ロッカに「根」をもたない人たちの、新たな「根」作りといっても良い。社会の変化がますます速く大きくなり、実際の町のあり方や、パエーゼに対する意識も変わってきているが、人々は、それぞれ「根」を実感できる場を、日々の生活をとおして編み出そうとしているのである。それがこれまでの町と重なる場合も、そうでない場合もあるが、そうした原動力そのものが、彼らのカンパニリズモの基本的な精神であるように、私には思われる。

第六章　文化を理解することを、理解すること
～人類学者の「根」～

二〇一四年十月。この年も約一年ぶりにロッカを訪問した。約二週間という短期滞在ではあったが、今回は私が最初に調査を開始してからの三十年間の変化に焦点をあてた調査だった。このため、人々との会話はもっぱら「変化」がテーマになったが、話していると、私あるいは日本の側の変化にも話題が及ぶことが多かった。

日本にかんしては、ここ数年、真っ先に尋ねられるのは、東北の震災と福島の原発事故の現状についてである。そして次はたいてい日本の雇用や労働事情である。

昨今、経済状況の悪化や労働問題の深刻化は世界的な現象だが、イタリアの場合は、たとえば日本の比ではない。とくに若年層の就職は悪化し続けており、見つかるのはせいぜい近年急激に増えてきた非正規の仕事だけで、本人だけでなく彼らの親たちにとっても最大の懸念となっている。だから、日本の状況はどうなのかが気になるのだろう、町の人々は私に会うと矢継ぎ早に質問を投げかけ、そのたび、日本の失業率を聞くと驚愕の声を上げ（二〇一四年イタリアは十二・四％、日本は三・五％）、日本とイタリアのどこが違うのかについて議論になることも少なくなかった。そして、

ほかにも日本の移民問題の少なさなどに話が進んでいくと、やはり日本は自分たちイタリアとはまったく違う世界なんだ、という印象を強くする人は多かった。

ところで二〇一四年のその日も、ある知人宅を、アンナの長女マリアと、マリアの娘ネッラと一緒に訪れ、皆とおしゃべりを楽しんでいると、やはりそういう話になった。彼らは、日本に比べるとイタリアは犯罪は多いし、政治家は汚職のやりたいほうだいだし、官僚主義的な手続きばかりだし、ユーロにも入ってしまったし（イタリアの経済の悪化はユーロの導入によるといわれることも多い）等々、最近のイタリアにかんするネガティブな意見を次から次へと愚痴り始めた。とはいえ日本にもいろいろ問題はあると、私が口を挟もうとしても、彼らはいつも通り聞きたいことだけ聞き出したあとは（たとえば、日本にもマフィアはいるのか、日本の政治家は汚職をするのか等々）、私を置き去りにして、そうした日本（たとえばマフィアも汚職政治家もいない日本）とは正反対のイタリアをお互いに嘆き合っていた。

しかしそのとき、一緒にいたマリアが、でも日本もなかなか大変らしいと、口を開いた。たぶん彼女は私が苦笑していることに気づいたのだろう。またネッラも、日本には過労死という言葉があり、自分たちとは別の労働問題があると話し始めた。彼女は、私との約三十年にわたる付き合いの中で、日本をはじめとするアジアに興味がわき、日本にかんする報道などを注意して聞くようになったという。そしてマリアが、数年前の私の母の死などにも触れ、日本とイタリアはいろいろ違うけど、家族の悩みは一緒だし、病気になったり亡くなったりすることも同じだ、たしかに「パエーゼごとに習慣は違う（Pease che vai, usanza che trovi. 日本の「郷に入れば郷に従え」ということわざに相当）」ということわざがあるけど、「この世はどこも同じ（Tutto il mondo è paese. 直訳は、世界全体は一つのパエーゼである）」ともいうじゃないかというと、その言葉を引き取ったネッラが、「そういえばタエコはその『習慣』を勉強しているんだよね、その蓄積からはどう思う？」と、笑いながら私に問いかけ、この場の話の落ちをつけたのである。

個人の直接的な関係としてのフィールドワーク

このとき、皆に笑いが起き、それをきっかけに話題が変わったため、私はこの問いに答えることはなかった。しかし、この二つのことわざをめぐる問いこそ、人類学が正面から取り組んでいる課題であり、その出発点でもあることをあらためて痛感した。このとき、たまたま本書の構想を練っていた時期だったことも関係していたかもしれない。

本書はこれまで、私が三十年ほど前ロッカで行ったフィールドワークについて、その経験がその後の私のイタリア研究とどう関わってきたのか、という観点から振り返ってきた。一章でも触れたように、この三十年間は、人類学全般においてフィールドワークの手法が深刻な批判にさらされ、研究のあり方が大きく変容した時期でもあった。ただし、フィールドワークにはまだ積極的に評価すべき点や可能性があり、それらを、批判が厳しくなっている今だからこそ具体的かつ的確に指摘していく必要があるという思いが、若干時代遅れの感もある私のフィールドワークにかんする本書執筆の原動力になっていた。ゆえにここで、この問題にもう一度立ち返ってみたい。それは、遅ればせながら、ネッラの問いへの答えにもなるかもしれない。

さて、ポストコロニアル理論による批判を思い出してみると、その批判の最大のポイントは、人類学者が安易に調査対象を一つの文化、いわば一つの集団として括ってしまうことにあった。それは一方的な理解であるだけでなく、調査者が被調査者を、その人個人としてよりも、ある集団の一員としてみる見方でもある。

もちろん私たちは、誰もがある集団に属しているし、そのアイデンティティをもっている。しかし、それだけがその人の生活すべてではない。ある人が属する集団や組織などは複数あるし、その関わり方もさまざまである。それらが互いに矛盾することも少なくなく、変化もする。相対する相手によってその表出の仕方が変わることも多い。ゆえに、実際に人と人との接触や理解が起こっている場面とは、ある文化と文化が単純に接触しているというよりも、こうした複雑な背景をもつ個人同士の接触として見ていく必要がある。このことは、少し身近な事例を振り返れば当たり前のことかもしれない。しかしこれまでの人類学では、こうした個人のもつ複雑さが、安易に、しかもしばしば調査者の都合のいいように捨象されてきたのである。

しかしながら、そもそもフィールドワークが、個人と個人との直接的な接触を基盤とする調査手法であることをあらためて思い返すと、むしろフィールドワークこそ、そうした集団的で一方的な文化の理解とは異なる見方に出会う可能性を内包しているはずだともいえる。

たしかに、直接的な出会いであっても、人は容易に力関係に回収されてしまい、相手を一方的に理解し、個別性を無視して安易に一般化してしまうことはよくある。ただし、直接的かつ長期的な付き合いとは、一時的にそうした単純な理解に陥っても、そうではないことに気づき、問い直しを迫る機会が与えられていることを意味する。私も、ロッカでさまざまな人と付き合いながら、いったんは彼らのある行動をイタリアの文化として説明できたと思っても、しばらくすると、そこにはさまざまな文脈や、性別、年齢等々、ほかの要因も絡んでいることに気づき、そう簡単にはイタリアの文化なるものを理解できないことを何度も痛感した。

また、このことは翻って、調査者側の文化という問題にも当てはまる。人々と長きにわたってさまざまな交流をするフィールドワークの現場では、調査者も、自分自身や自分の文化について考え直すことが多々ある。そもそもフィールドワーク中、調査地の人々から理解されないことに悩む人類学者は多い。その悩みとは、調査目的自体が誤解されて、いわばスパイ扱いされるなどということもあるが、それ以外にも、調査者の人となりが中傷・非難されたり、その行動がさまざまな物議を呼んだり、トラブルになったりすることも少なくない。

しかし、そうした誤解や齟齬自体が、調査者および被調査者双方が、相手および自分自身についてあらためて意識化し再考する重要なきっかけにもなる。誤解やトラブルには、年齢や世代の差、性別、はたまた個人的な性格なども関与しており、それらすべてを単純に文化の差として説明することはできない。私も、そうした中で、ジェンダーやセクシュアリティという問題に気づくことになった。つまりフィールドワークでは、調査者も、ただ調査者という顔だけで人々と接することはできず、その人全体が彼ら・彼女らの前にさらされることになり、そのこと自体が互いの理解にとって重要なのである。これまでフィールドワークの重要な要素の一つとされてきた現地の人々とのラポール、信頼関係というものも、このように互いが互いに一つの属性だけに収斂せずに、さまざまな顔を見せ合いながら影響し合う関係を意味しているのではないだろうか。

文化を理解することを、理解する

また、こうしてみると、フィールドワークとは、ある文化についての理解のための手法ではなく、文化を理解するとは何かを理解するための手法であると、あらためて定義することができるかもしれない。文化を理解するためには（その文化がどんなものであっても）、まずは、文化がこうした複雑さと厚みを抱えていることを、研究者自身が十分に理解することが必要だからである。

近年、文化に対して一方的な理解が横行しているという批判は、そもそも文化という一言で、慣習等の諸々の事柄を一括してしまうこと自体に問題があるという批判にもつながっている。そのため人類学では、最近、文化という言葉の使用そのものをためらったり、控えたりする傾向もある。ただし、こうした事態は問題から目をそらすだけである。私たちは、文化の安易な決めつけ、固定化を避けていくためには、むしろ、その複雑さやあいまいさこそを積極的に評価する姿勢を学んでいかなければならないだろう。そもそも何かを理解する際、ある程度の単純化は起こらざるをえないし、主観に引きずられてしまうことも避けられない。単純化や主観をすべて排除するなら、そこに見えてくるのは現実そのものという混沌だろうし、にもかかわらず徹底した客観的理解を安易に追及することは、いわば「神の視点」の模倣であって、むしろ危険である。

実際、私たちの日常を振り返っても、ほかの人々（それが誰であっても）との関係においては、たいてい、あらかじめ何らかのイメージをもっていたり、何らかの差異を感じていたりする。それを文化の違いと呼ぼうが呼ぶまいが、違いがあるという意識をもつことはごく当たり前のことである。ただし、そのイメージや差異の内容が、交流の過程で変わっていく経験も少なくない。つまり文化とは、こうした差異の複雑で可変的な総体の中から、ある具体的な場面で、ある角度から切り取られて立ち上がってくるようなものであり、もともと明確な実体があるものでも固定的なものでもないのである。

ゆえにフィールドワークは、それが長期間の直接的で個人的な接触を基盤とする調査であり続けるならば、そうした文化の複雑さや可変性を、調査者が身をもって経験する機会になるはずである。それは、文化を理解すること自体を、理解していこうとする営為でもある。フィールドワークは、私たちが文化理解という課題に向き合おうとするならば、まだ数多くの可能性と意義を有している調査手法なのである。

理解するとは

こうして本書は、ただ私のロッカでのフィールドワーク経験を述べるというよりも、それを自分のイタリア研究・イタリア理解との関わりから振り返ることをとおして、私なりのフィールドワーク論を展開しようとするものでもあった。その目的が、どこまで達成できたかは心もとない。ただし、文化という問題がけっして固定的なものではなく、それ自体いわばオープンエンドな問いであるように、その理解のための手法たるフィールドワークも、実際にある文化を理解しようとする個々具体的な過程で不断に問い直され錬成されていくべきものだろう。したがって私も、ロッカおよびイタリアにかんする研究の中で今後も自身のフィールドワークと向き合いながら、さらに考察を深めていくつもりである。

ただし、その一方で、そもそも理解とは何だろうかという問いも、最近気になり始めている。人類学は、文化や社会を理解しようとする学問である。たとえ理解という営みが、権力関係などの問題を抱えていようが、基本的にはより良い理解のあり方を探り、より適切に相手を理解しようとする努力を続けている。実際、ポストコロニアル理論をはじめ、人類学の諸理論の多くは、そうした理解のあり方をめぐるものである。私も、これまでの研究を通じて、少しでもイタリアのことを分かろう、理解しようとしてきたし、今後もそう考えている。

しかしながら、ここで少し立ち止まってみると、そもそも理解とは何か、さらには、人類学のみならず私たちは、なぜ理解をしようとするのか、という問いも浮かび上がってくる。

理解とは、一般的に、相手とのより良い関係のために必要であると思われている。私たちは、相手が気になるから理解をしようとする。もちろん、相手との関係には、支配、敵対、暴力など、ネガティブなものも含まれる。ゆえにより適正な関係を求めて、より適正な理解を目指そうとする。人類学は、そうした思いが学問として結実したものであるともいいかえられる。

ただし、その一方で、では理解をしなければ関係もありえないのか、という問いもあるのではないだろうか。

実際、私たちの生活では、さまざまな相手とさまざまな関係が繰り広げられているが、そのすべてにおいて適切な相互理解が必須であるとはいえないだろう。往々にして、互いのことは中途半端にしか理解しておらず、そのため誤解や争いも起きるが、それでも関係が続いていくことは多い。たとえば、先にマリアが二つのことわざを用いていわんとしていたのは、まずは、私たちの間には習慣や文化の違いがあっても共通しているところも多く、ゆえに理解し合えるということだったが、だからといって、その違いや共通性を明確に把握せよという主張ではなかった。

もちろん、そうした態度は、さまざまな事柄に追われる日常生活における実際的な「知恵」にすぎないのかもしれない。一つひとつを的確に理解しようとしたら、日常的な生活は送れなくなってしまう。だから、適正な理解にかんしては、ネッラが私を茶化したように、人類学者をはじめとする専門家に任せられているということもできる。しかしその一方で、理解という営みが、人と人との関係という問題に関わるものであれば、こうして一見中途半端にも見える理解のあり方についても、積極的に着目していく必要があるのではないだろうか。そこには、人と人の関係にかんする別のあり方が垣間見えてくる可能性もある。

人類学者の「根」

その意味では、ここで、マリアがいった二つ目のことわざ、「この世はどこも同じ」にこだわってみるのも面白い。

このことわざは、日本語に直訳すると「世界全体はパエーゼである」となり、世界を一つのパエーゼで譬えるものである。そこからは、「人類、皆兄弟」のように、「皆」が基本的には同じだったり、互いにつながり合ったりして、一つのまとまりになっているような世界像が想像されるかもしれない。

しかし彼らのいうパエーゼとは、五章で見たように、人々がそこで自分を意識し、それぞれが固有の存在として認められる場でもあり、そこに注目するならば、別の世界像も浮かび上がってくる。それは端的にいえば、アンナ、マリア、ネッラなどの、それぞれ独自の名前をもつ人々の集まりであり、人々が、互いにそうした固有の存在同士として分かり合い、関係し合っているという世界である。私たちは通常、相手を理解するといえば、しばしばその属性や来歴などの情報を収集しようとする。しかし、たとえばアンナについて、彼女の属性をいくら積み上げても彼女のすべてを理解できるわけではないだろう。これに対してこの固有な存在同士の次元とは、そうした属性的な理解がどうであれ、とにかく互いに互いを一人の独自の人格として尊重し、認め合っている世界であるとも考えられるのである。

もちろんこれは、まだ思いつきの域を出ないものである。ただし、こうした関係がどんなものなのか、そしてその場合、相手を理解するとはどういうことになるのか、等々について考えていくことは、とても興味深い。この世を、あらためてこうした「パエーゼ」として見直してみるならば、私たちがこれまで考えていた理解や関係というものを、根本的に考え直していくきっかけになるかもしれない。

そして、こうした思いつきをはじめとして、理解とは、関係とは、文化とは何か等々の根源的な問題にいたるまで、多くの問いを私に絶え間なくもたらしているのが、やはり、約三十年前にロッカで行ったフィールドワークの経験である。

私はそこで、本書でこれまで述べてきたように、さまざまな人々や事柄と出会いながら、家族、ジェンダー・セクシュアリティなどの研究テーマと出会い、さらには、自分のイタリア理解のあり方を考え直してきた。ときには、自分たち日本社会を新たな角度から見直す契機にもなった。また、人々と直接接触することをとおして、彼らの文化を理解することの複雑さを何度も実感した。そしてその体験が、本章で述べた、文化を理解することを理解することの重要性という問題につながっていくわけだが、それは、私なりに人類学やフィールドワークとは何かを考えながら、人類学者として鍛えられ成長する過程でもあった。

とするならば、ロッカでの調査とは、たしかに四半世紀以上前ではあるが、けっして過去のものではなく、私の研究のあらゆる意味での起点および基点として、今もここに、まさに私の「根」としてあるということもできる。

ゆえに今、「あなたのパエーゼとはどこか」と聞かれたら、私は少なくとも人類学者としては、「ロッカプリオーラだ」と答えるだろう。そして、「根」がそこにある限り、私のロッカプリオーラとの付き合いは、実際に調査や訪問をするか否かにかかわらず今後も続いていくし、続けていきたいと考えている。その「根」に立ち返って、学ぶべきこと、考えるべきこと、問うべきことは、まだまだ数多く残されている。

あとがき

本書は、私自身のフィールドワークについての書という性格上、いわば「私」語りが多くなっているため、これ以上、屋上屋を重ねるようなあとがきは避けることにしたい。

ただし一つだけ、本書の記述は、研究との関わりから振り返ることに主眼が置かれていたこともあって、私のフィールドワーク経験の一部に過ぎないことはあらためて記しておく。そこからはとくに、非常にネガティブな経験は排除されている。全体として、いわばお行儀の良い記述になっていることは自分でも認めざるをえない。

イタリアでのフィールドワークは、ほかの地域での調査に比べると、たしかに衣食住の環境は比べものにならないほど快適である。しかしながら、住民たちとの確執など、心身ともにかなり苦しい目にあった体験はあったし、けっして牧歌的な生活ではなかった。暴力に近いこともあったし、騙し騙されるような経験もした。自分の未熟さや浅はかさを思い知ったこともあった。

本書でそれらに触れなかったのは、プライバシーの問題などもあるが、それ以上に、私自身がそれらの経験をどう受けとめて考えるべきか、いまだ糸口さえつかめていないためである。それらの中には、私や相手方のきわめて個人的な問題として、フィールドワークとは別次元で考えたほうが良いと思われるものもある。また、フィールドワーク中の出来事であれば、やはりそこに位置づけて考察していくべきだろうが、その経験をめぐる感情や衝撃をいまだ整理しきれていないというものも多い。

しかし、いずれにせよフィールドワークとは、しばしばそうした苦くつらい経験も含むものである。そもそもフィールドワーカーは、たんなる調査者ではなく、感情や性格をもつ一人の人間であり、だからこそ、人々との直接的な接触を基盤とするフィールドワークの特徴と意義を生かしていくことができるともいえる。その意味では、私たちはこの問題を避けて通ることはできず、私も今後、こうした自分の経験に少しでも向き合っていきたいと考えている。

そしてこのように本書は、自身のフィールドワーク全般をあらためて振り返る良いきっかけとなった。これまでロッカでの調査にかんしては、個々のテーマに沿った資料の提示という形でいわば小出しに触れるにとどまっていた。一方、それ全体については、考察の必要性を感じてはいたが、適当な機会がなく、年月がたつにつれ難しくもなった。この課題は、のどに刺さった小骨のような存在になりつつあった。

したがって、今回、その小骨を取り除く機会を与えてくださった、フィールドワーク選書の編者である白川千尋先生、印東道子先生、関雄二先生には深く感謝する。お三方には、草稿の段階で丁寧に読んでいただき、出していただいたご意見は、本書執筆のもう一つの原動力となった。また、臨川書店編集部の西之原一貴さん、藤井彩乃さんにも、編集全般にわたってお世話になった。とくに何度も執筆が頓挫し、ご迷惑をおかけした。さぞハラハラなさっていたことと思う。ここであらためてお詫びをするとともに、感謝したい。

そして何よりも、私を受け入れてくださった、アンナをはじめとするロッカプリオーラの住民の皆さんには、心からの感謝の意を表する。こうしてふと思い出すだけで、アンナを筆頭に多くの人の顔と名前が頭に浮かんでくるが、ここでは割愛させていただく。また、もちろん、町の中にはほとんど話をしなかった人も少なくなかった。直接会うことさえなかった人もいる。しかし、この町で暮らすことができたこと自体が、私にとっては得がたい経験であり、その意味では、付き合いの濃淡にかかわらず、町を作り上げていた彼ら・彼女らにひとしく感謝したい。ありがとうございました。そして、これからもよろしくお願いします。

宇田川妙子（うだがわ　たえこ）

1960年神奈川県生まれ。東京大学大学院総合文化研究科文化人類学専門課程博士課程単位取得退学。修士（社会学）。国立民族学博物館准教授。専門は文化人類学。イタリアを中心とする南ヨーロッパを対象に、主にジェンダー／セクシュアリティ、家族などの私的領域に焦点を当てた調査研究を行っている。主な著書に『境界を生きるシングルたち：シングルの人類学1』（共著、人文書院、2014年）、『世界の食に学ぶ：国際化の比較食文化論』（共著、時潮社、2011年）、『ジェンダー人類学を読む：地域別・テーマ別レヴュー』（共編著、世界思想社、2007年）などがある。

フィールドワーク選書 16
城壁内からみるイタリア
ジェンダーを問い直す

二〇一五年八月三十一日　初版発行

著者　宇田川妙子
発行者　片岡敦
印刷 製本　亜細亜印刷株式会社

発行所　株式会社 臨川書店
606-8204 京都市左京区田中下柳町八番地
電話（〇七五）七二一―七一一一
郵便振替　〇一〇七〇―二―八〇〇

落丁本・乱丁本はお取替えいたします
定価はカバーに表示してあります

ISBN 978-4-653-04246-4 C0339

〔ISBN 978-4-653-04230-3 C0339　セット〕

フィールドワーク選書　刊行にあたって

編者　印東道子・白川千尋・関　雄二

人類学者は世界各地の人びとと生活を共にしながら研究を進める。何を研究するかによってフィールド（調査地）でのアプローチは異なるが、そこに暮らす人々と空間や時間を共有しながらフィールドワークを進めるのが一般的である。そして、フィールドで入手した資料に加え、実際に観察したり体験したりした情報をもとに研究成果を発表する。

実は人類学の研究でもっともワクワクし、研究者が人間的に成長することも多いのがフィールドワークをしているときなのである。フィールドワークのなかでさまざまな経験をし、葛藤しながら自身も成長する。さらにはより大きな研究トピックをみつけることで研究の幅も広がりをみせる。ところが多くの研究書では研究成果のみがまとめられた形で発表され、フィールドワークそのものについては断片的にしか書かれていない。

本シリーズは、二十人の気鋭の人類学者たちがそれぞれのフィールドワークの起点から終点までを描き出し、それがどのように研究成果につながってゆくのかを紹介することを目的として企画された。なぜフィールドワークをしたのか、どのように計画をたてたのかにはじまり、フィールドでの葛藤や予想外の展開など、ドラマのようなおもしろさがある。フィールドで得られた知見が最終的にどのように学問へと形をなしてゆくのかまでが、わかりやすく描かれている。

フィールドワークをとおして得られる密度の濃い情報は、近代化やグローバル化など、ともすれば一面的に捉えられがちな現代世界のさまざまな現象についても、各地の人びとの目線にそった深みのある理解を可能にしてくれる。また、研究者がフィールドの人々に受け入れられていく様子には、人間どうしの関わり方の原点のようなものをみることができる。それをきっかけとして、人工的な環境が肥大し、人間と人間のつながりや互いを理解する形が変わりつつある現代社会において、あらためて人間性とは何か、今後の人類社会はどうあるべきなのかを考えることもできるであろう。フィールドワークはたんなるデータ収集の手段ではない。さまざまな思考や理解の手がかりを与えてくれる、豊かな出会いと問題発見の場でもあるのだ。

これから人類学を学ぼうとする方々だけでなく、広くフィールドワークに関心のある方々に本シリーズをお読みいただき、一人でも多くの読者にフィールドワークのおもしろさを知っていただくことができれば、本シリーズを企画した編集者一同にとって、望外の喜びである。

（平成二十五年十一月）

アラブのなりわい生態系

全10巻

責任編集—縄田浩志　編—石山俊・市川光太郎・坂田隆
中村亮・西本真一・星野仏方

1『自然と人間の相互作用環』	
2『ナツメヤシ』	本体3,600円+税
3『マングローブ』	本体3,600円+税
4『外来植物メスキート』	本体3,600円+税
5『サンゴ礁』	本体3,600円+税
6『ヒトコブラクダ』	
7『ジュゴン』	本体3,600円+税
8『モロコシとトウジンビエ』	
9『篤農家と地域社会』	
10『現生人類はキーストーン種か？』	

＊四六判上製 平均320頁／白抜は既刊
＊タイトルは一部変更になる場合がございます

ISBN978-4-653-04210-5（セット）